AF297095

LEÇONS

DE

CHRONOLOGIE

ET

D'HISTOIRE,

Par L. GAULTIER.

PREMIER VOLUME.

HISTOIRE SAINTE ET HISTOIRE DE L'ÉGLISE, JUSQU'A
LA CONVERSION DE CLOVIS I.

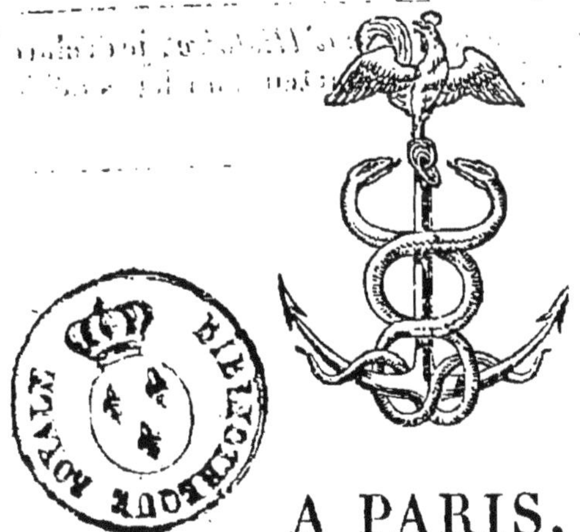

A PARIS,

CHEZ JULES RENOUARD,

RUE DE TOURNON, N° 6,

M. DCCC. XXVI.

Les quatre volumes de ce Cours d'Histoire sont :

Ier Vol. Histoire sainte et Histoire de l'Église, jusqu'à la conversion de Clovis I.

IIe Vol. Histoire de France, jusqu'au règne de S. M. Charles X.

IIIe Vol. Histoire ancienne, jusqu'à la naissance de J.-C.

IVe Vol. Histoire moderne, depuis la naissance de J.-C. jusqu'à nos jours.

Chaque volume cartonné, 1 fr. 50 c.

IMPRIMÉ CHEZ PAUL RENOUARD,
Rue Garancière, n° 5.

AVANT-PROPOS.

On sent aisément que tout Traité élémentaire doit être simple, et cependant complet. L'élève doit y voir, dès les premières pages, l'ensemble ou la masse des connoissances dont les détails passeront successivement sous ses yeux. Ce procédé est celui de l'analyse. Au lieu de suivre cette marche simple, naturelle et commune aux arts, ainsi qu'aux sciences, la plupart de ceux qui écrivent des méthodes à l'usage des enfants prennent une route opposée. Pour ne parler ici que des auteurs d'histoires élémentaires, les uns ont cru devoir seulement accumuler des époques et des faits détachés, et les présenter à l'élève sans fixer son attention sur le motif de ces faits, et sur le temps et le lieu où ces faits sont arrivés : méthode dangereuse, qui tend à lui laisser des idées fausses, ou du moins très vagues sur l'histoire.

D'autres, au contraire, présentent à cet élève, dès le début, de trop longs détails sur les faits particuliers, dissertent sur l'enchaînement que ces faits ont entre eux, sur les causes qui les ont produits, et sur les effets qui en sont résultés : connoissances sans doute très utiles, mais prématurées, et qui seroient mieux placées à la fin, pour ne pas rebuter d'abord les jeunes gens. En effet, tout commençant est naturellement avide d'aller en avant, et se traîne difficilement sur un même sujet.

Mon dessein n'est pas de critiquer ici l'ingénieux tableau imaginé par Barbeau-la-Bruyère, corrigé, complété et traduit depuis en anglois par le docteur Priestley, et mis de nouveau en françois par M. Goffaux sous le titre de *Tableau chronométrique;* ni le *Tableau synoptique* de M. Chantreau, ni le *Tableau comparatif* de l'histoire par M. Prevôt d'Iray, ni enfin la collection des tableaux de Lesage. La plupart de ces ouvrages présentent, il est vrai, un ensemble intéressant de faits à repasser utilement, quand on connoît déjà l'histoire, ou des dates à consulter au besoin ; mais il semble que ces auteurs ont peu tenu aux moyens de se mettre à la portée des enfants, et de graver dans leur mémoire tout ce qu'ils leur mettent sous les yeux.

L'ancien P. Buffier est le seul qui ait approché du double but que ces auteurs ont négligé. A l'aide de *vers artificiels,* il a réussi le premier à faire retenir aux jeunes gens une foule de faits avec leurs dates respectives. Les élèves formés par sa méthode, au collége de Louis-le-Grand, ont eu la satisfaction, jusque dans un âge avancé, de se souvenir d'un grand nombre de faits et d'époques qu'une centaine de vers techniques avoient confiés à leur première jeunesse.

On a objecté à cette méthode quelques vers durs et de mauvais style; mais la *Grammaire latine* et les *racines grecques* de Port-Royal n'en contiennent-elles pas de plus durs, que cependant les auteurs illustres du siècle de Louis XIV avoient appris par cœur, et surtout Racine, dont la poésie harmonieuse n'a point été égalée par tous ceux qu'a tant choqués la barbarie des vers techniques?

Au reste, supposons même que ces vers soient d'un mauvais goût, et que, malgré nos soins, nous n'ayons pu parvenir à les réformer en grande partie, compte-t-on pour rien l'avantage qu'ils procurent de graver en peu de temps, et d'une manière

ineffaçable, dans la mémoire des jeunes
gens, un grand nombre d'évènements et
de dates que bien des auteurs, dont la
science n'est souvent que dans leurs livres,
seroient bien aises de se rappeler à propos.
J'ai donc cru ne pouvoir mieux faire que
de ne point m'écarter du plan que cet
homme estimable a tracé, et que l'expérience d'un grand nombre d'années m'a
démontré être le plus utile.

Comme lui, je renferme tous les faits
principaux de l'histoire ancienne et moderne dans quelques centaines de vers,
dont j'explique chaque mot par des demandes et des réponses. Ensuite, pour que
ces vers présentés à-la-fois n'engendrent
pas de confusion, je les ai séparés en
trente-deux cases ou cadres, qui, étant
découpés séparément, si l'on veut, for-
meront autant de petites cartes détachées.
Ces cartes se trouvent être une imitation
de celles dont les instituteurs éclairés de
Port-Royal (1) faisoient usage en manière

---

(1) « Ces cartes étoient un certain jeu où l'on avoit
« renfermé tout ce qui regarde l'histoire des six pre-
« miers siècles, c'est-à-dire, le lieu et le temps aux-
« quels se sont tenus les principaux conciles ; auxquels
« ont vécu les papes, les empereurs, les grands saints,

de jeu, pour familiariser leurs élèves avec l'histoire des six premiers siècles de l'Eglise. Je les adoptai dès l'année 1786, lorsque je publiai, pour la première fois, ma *Méthode d'histoire*. Je les conserve encore aujourd'hui, parce qu'elles font connoître aux enfants, d'une manière progressive, les différents faits historiques, et en gravent les dates dans leur mémoire sans qu'ils éprouvent ni dégoût ni fatigue.

C'est ainsi que je me suis efforcé de mettre en œuvre, dans ma méthode, tous les moyens qui m'ont paru les plus convenables pour parler aux yeux et à l'imagination des enfants : tableaux, vers tech-

---

« les auteurs profanes, et auxquels enfin se sont pas-
« sées les choses les plus mémorables du monde. A force
« de jouer ce petit jeu, la plupart s'étoient tellement
« imprimé dans l'esprit toutes ces choses, et les cir-
« constances des divers temps et lieux où avoient vécu
« tous les grands hommes, qu'il n'y avoit pas de doc-
« teur qui en pût parler plus pertinemment ; c'est ce
« qui donnoit à ces jeunes enfants, dont la plupart
« n'avoient pas encore atteint l'âge de seize à dix-sept
« ans, une si vaste et si grande connoissance de toutes
« choses, de tous les pays du monde, et des époques
« des temps, qu'ils étoient capables de converser
« agréablement avec toutes sortes de personnes, et de
« prendre connoissance de toutes sortes d'affaires, et
« même de les démêler.» EXTRAIT DU NÉCROLOGE,
art. *Récréation après le dîner.*

niques, cartes découpées, jeux, le tout ensemble contribue singulièrement à graver dans leur esprit des idées claires, distinctes et ineffaçables. On sait, comme l'a observé M. de Buffon, en parlant de *l'éléphant*, que « toute sensation isolée, quoique très vive, ne laisse aucune trace distincte ni durable, tandis que plusieurs sensations combinées et contemporaines font toujours des impressions profondes. »

TABLEAU

DES PRINCIPAUX SYSTÈMES DE CHRONOLOGIE.

	Labbe, etc.	Usser.	Pétau.	Scaliger.	Hardouin.	Septante
Déluge..	1656	1656	1656	1656	1656	1656
Naissance d'Abraham	2039	2008	1900	1948	2007	3488
Mort de Moïse	2584	2552	2493	2494	2553	4082
Prise de Troie.	2870	2820	2800	2707	2710	4450
Rois des Juifs.	2962	2962	2916	. . .	2933	4559
Première Olympiade.	3278	3228	3228	3174	3216	4838
Fondation de Rome.	3300	3256	3250	3197	3251	4881
Ere de Nabonassar	3257	3127	3237	3203	. . .	4887
Cyrus roi de Perse.	3516	3468	3425	3390	3474	5098
Guerre du Péloponnèse	3625	3573	3553	3519	3550	5203
Naissance d'Alexandre.	3698	3648	. . .	3594	. . .	5276
Ere des Séleucides.	3646	3993	3672	. . .	3692	5322
Première guerre Punique.	3784	3741	3720	. . .	3740	. . .
Destruction de Carthage	3908	3858	3839	. . .	3859	5370
Bataille d'Actium.	4023	3973	3953	3919	. . .	5603
Naissance de Jésus-Christ.	4053	4000	3984	3949	4004	5634

NOTIONS PRÉLIMINAIRES.

QU'EST-CE que la Chronologie? C'est la science des temps où se sont passés les évènements les plus mémorables.

Comment s'appelle un temps marqué par un fait mémorable? Il s'appelle une *époque*, et quelquefois une *ère*, lorsqu'il s'agit de la fondation d'un empire, ou d'un nouvel ordre de choses dans un grand état.

En combien de parties divise-t-on le temps qui s'est écoulé depuis les premiers évènements connus jusqu'à nous? En deux grandes parties : l'une du temps avant J.-C., et qu'on est convenu d'appeler *chronologie ancienne;* l'autre du temps après J.-C., et qu'on nomme *chronologie des faits modernes.* . . . . .

Combien d'années contient chacune de ces chronologies? L'ancienne contient environ quatre mille cinquante-trois ans; la nouvelle contient aujourd'hui dix-huit cent vingt-six ans : mais l'année prochaine contiendra un an de plus, et ainsi de suite, jusqu'à la fin du monde.

Sur quelle autorité est appuyée l'an-

cienne chronologie ? Sur le texte hébreu de la Bible, expliqué par les savants Labbe, Salien, Usser, Pétau, Scaliger, Hardouin, Bossuet, etc., contre l'opinion des Septante que suit encore l'Eglise romaine, en comptant 5634 ans avant la naissance de J.-C.

En quoi ces savants paroissent-ils d'accord, et en quoi diffèrent-ils entre eux ? Ils placent tous le déluge universel dans l'année 1656 ; mais ils diffèrent d'environ un siècle, par rapport aux autres faits remarquables et à la naissance de J.-C. Voyez le TABLEAU DES PRINCIPAUX SYSTÈMES DE CHRONOLOGIE, page ix.

Quel système suivrons-nous dans nos leçons ? Celui des savants Labbe et Salien, qui divisent toute l'étendue des temps en trois parties :

1° Les temps depuis la création du monde jusqu'à la fondation de Rome. 3500
2° Le temps depuis la fondation de Rome jusqu'à la naissance de J.-C.   753
3° Le temps depuis la naissance de J.-C. jusqu'à l'année courante. 1826

TOT. depuis la création jusq. nous. 5879

(On n'oubliera pas, dans les années postérieures à l'an 1826 présent, d'ajouter toutes celles qui se seront écoulées depuis.)

Pourquoi convient-il de faire concourir les années du monde avec l'ère de la fondation de Rome? Parce que ce rapprochement facilite l'intelligence de l'ancienne chronologie, suivie par les auteurs latins qui ont écrit l'histoire.

Pourquoi suivons-nous encore cette triple division des temps? C'est qu'elle aide les commençants à constater la date des faits, soit antérieurs, soit postérieurs à la fondation de Rome.

Donnez un exemple de cet avantage? Si l'élève qui lit, dans les auteurs latins, que la destruction de Carthage arriva l'an 608 de Rome, veut se rappeler que cette dernière ville fut fondée l'an du monde 3300, il trouvera aisément dans quelle année du monde Carthage fut détruite; car, en additionnant les deux dates précédentes, savoir 608 et 3300, on trouve l'an 3908.

Comment cet élève pourroit-il aussi trouver de lui-même combien d'années avant J.-C. eut lieu la destruction de Carthage? Sachant que la naissance de

N. S. est fixée à l'année 4053, il soustraira de cette somme l'année du monde dans laquelle Carthage fut détruite comme on l'a vu, savoir, l'an 3908 ; et par la différence, qui sera de 145 ans, il connoîtra ce qu'il cherche : en effet, de 4053 ôtez 3908, la différence sera 145.

Comment sous-divisons-nous les trois grandes divisions du temps ? Nous partageons la première division en cinq parties, la seconde en huit, et la troisième en dix-neuf ; d'où résultent les trente-deux cases qui composent notre TABLEAU CHRONOLOGIQUE.

1. *Quelles sont les* cinq parties *qui composent la première grande division des temps ?* Ce sont les cinq premiers âges du monde, que voici :

1° *Le temps des patriarches qui ont vécu avant le déluge* ; c'est-à-dire, depuis la première année du monde jusqu'en 1656, qu'arriva cette catastrophe.

2° *Le temps des patriarches après le déluge* ; c'est-à-dire, les quatre siècles environ qui se sont écoulés depuis le déluge jusqu'à la naissance d'Abraham, en 2039.

3° *Le temps des patriarches à qui les promesses furent faites* ; c'est-à-dire, depuis la naissance d'Abraham jusqu'au gouvernement des juges, en 2584, environ six siècles et demi.

4° *Le temps du gouvernement des juges;* c'est-à-dire, depuis la mort de Moïse jusqu'au gouvernement des rois, en 2962, environ quatre siècles.

5° *Le temps du gouvernement des rois jusqu'à Ezéchias, l'an 3300,* qui coïncide avec la fondation de Rome et avec la première année de la seconde division des temps, environ trois siècles et demi.

II. *Quelles sont les huit parties qui composent la seconde grande division des temps?* Les sept siècles écoulés depuis la fondation de Rome jusqu'à la naissance de J.-C., et en outre les 53 ans, qui forment un huitième siècle incomplet.

III. *Quelles sont les dix-neuf parties qui composent la troisième grande division des temps?* Les dix-huit siècles déjà écoulés depuis la naissance de J.-C., et le siècle commencé.

Quelle utilité présentent aux jeunes gens ces trente-deux sous divisions ou cases? Elles les aident à classer plus aisément dans leur mémoire la chronologie

des faits nouveaux, à mesure qu'ils en ac-
quièrent la connoissance.

Expliquez cela par un exemple. L'é-
lève, une fois accoutumé à voir et à se
retracer dans leurs cases respectives tous
les faits qu'il connoît déjà, y placera naturellement, dans l'ordre convenable,
ceux qu'il n'avoit pas encore remarqués.
S'il s'agit, par exemple, de l'invasion des
Gaules par Pharamond, il placera cet
évènement dans la case nº 18. Si on lui
parle de l'établissement de la famille des
Bourbons en France, il se reportera à la
case nº 29, et ainsi de suite.

LEÇONS

DE

CHRONOLOGIE

ET D'HISTOIRE.

PREMIÈRE PARTIE.

HISTOIRE SAINTE,

ou

FAITS RELIGIEUX MÉMORABLES ARRIVÉS DEPUIS LA CRÉATION DU MONDE JUSQU'A LA NAISSANCE DE JÉSUS-CHRIST, EN 4053.

PREMIER AGE DU MONDE.

DEPUIS LA CRÉATION DU MONDE JUSQU'AU DÉLUGE, EN 1656.

(Case 1 du Tableau.)

Dieu fit, dans le principe, et le ciel et la terre,
Et créa, dans six jours, ce que le monde enserre.

(1.)

COMMENT *Dieu a-t-il créé le monde?*
Dieu créa d'abord le ciel et la terre, et disposa ensuite tout ce qui s'y trouve, dans l'intervalle de six jours, quoiqu'il eût pu achever ce grand ouvrage en un instant.

(2.)

Quel fut l'ouvrage de chacun de ces six jours? Ce furent, 1° la lumière; 2° le firmament; 3° la séparation des eaux de la terre et la production de toutes sortes de fruits; 4° le soleil, la lune et les étoiles; 5° les poissons et les oiseaux; 6° les quadrupèdes, les reptiles; et enfin l'homme, qui est la créature la plus parfaite du monde visible.

(3.)

Comment Dieu créa-t-il l'homme? Du limon de la terre, en lui inspirant une âme immortelle, dans laquelle il imprima l'image de sa divinité par les trois facultés dont il la pourvut; l'entendement, la mémoire et la volonté.

(4.)

Comment Dieu créa-t-il la compagne d'Adam, nommée Eve? Pendant que ce premier père des hommes étoit plongé dans le sommeil, Dieu lui ôta une côte, dont il forma Eve, notre première mère.

(5.)

Que fit Dieu dans le septième jour? Il cessa de créer, et il ordonna que ce jour du sabbat, c'est-à-dire de repos, lui fût consacré; mais, dans la suite, l'Eglise chrétienne, conduite par l'esprit de Dieu, transféra la célébration de ce jour au lendemain *Dimanche*, qui veut dire jour du Seigneur, ou de la résurrection de Jésus-Christ.

Le premier homme, Adam, du Paradis exclus ;
Puis Caïn tue Abel, dont Seth eut les vertus.

(6.)

Qui fut Adam? Adam fut le premier homme que Dieu créa.

(7.)

Qu'étoit le Paradis terrestre? C'étoit un jardin de délices, appelé *Eden*, dans lequel Dieu plaça Adam et sa femme, pour qu'ils y vécussent heureux avec leurs descendants.

(8.)

Pourquoi Adam fut-il chassé du Paradis terrestre? Parce que, à la sollicitation de sa femme, il avoit mangé d'un fruit auquel il lui avoit été défendu de toucher.

(9.)

Par quelle ruse le démon engagea-t-il Eve à cueillir du fruit défendu? En l'assurant, par la bouche d'un serpent dont il prit la forme, que, par ce mets délicieux, elle et son mari seroient semblables à Dieu.

(10.)

Quelles furent les suites de cette désobéissance d'Adam? Lui, son épouse et toute leur postérité furent, en punition de ce crime, assujettis aux peines, aux douleurs et à la mort.

(11.)

Quels furent les deux premiers fils d'Adam? Ce furent Caïn, qui se livra à la culture de la terre; et Abel, qui nourrissoit les troupeaux.

(12.)

Pourquoi Caïn tua-t-il son frère puîné, Abel? Par jalousie, ne pouvant supporter que les sacrifices d'Abel parussent plus agréables à Dieu que les siens.

(13.)

Comment Dieu punit-il Caïn de son fratricide? Il le condamna à être errant sur la terre, et à devenir père d'une race réprouvée comme lui.

(14.)

Quel fut Seth? Seth fut un troisième fils d'Adam, qui, dans sa conduite, se montra aussi vertueux que l'avoit été son frère Abel.

(15.)

Quels noms reçurent les descendants de Caïn et de Seth? Ceux de Caïn s'appelèrent enfants des hommes, et ceux de Seth méritèrent le nom d'enfants de Dieu.

———

La ville Enochia fut faite par Caïn.
Les arts ont pour auteurs Jubal, Tubalcaïn.

(16.)

Qui bâtit la première ville du monde? Caïn, qui l'appela Enochia, du nom de son fils aîné, Enoch.

(17.)

Quels arts furent inventés par les arrière-petits-fils de Caïn? La musique fut inventée par Jubal; la manière d'employer le fer et l'airain, par Tubalcaïn; et l'art de filer la laine, et d'en fabriquer des étoffes, par Roéma, sœur de ce dernier.

———

De la vertu d'Enoch le ciel parut jaloux.
Mathusalem vécut le plus long-temps de tous.

(18.)

Comment le ciel parut-il jaloux de la vertu d'Enoch? Parce que Dieu appela au ciel ce fondateur du culte religieux, pour le rendre, selon la tradition, aux

1.

habitants de la terre vers la fin des siècles.

(19.)

Comment Mathusalem, fils d'Enoch, a-t-il vécu le plus long-temps de tous les hommes ? En ce qu'il parvint à l'âge de neuf cent soixante-neuf ans, tandis qu'Adam n'en avoit vécu que neuf cent trente.

———

Le déluge punit le crime des géants,
En l'an cinquante-six après mille six cents.

(20.)

Quels furent les géants que Dieu fit périr par un déluge, l'an 1656 ? Ce furent des hommes d'une énorme stature, mais dont les mœurs étoient déréglées, et qui devoient la naissance au mariage des enfants des hommes avec les enfants de Dieu.

(21.)

Comment Noé, qui étoit fils de Seth, et qui avoit toujours obéi aux lois divines, fut-il préservé du déluge ? Dieu l'ayant averti de bâtir une arche, il y employa cent ans. Après que l'arche fut faite, Noé s'y retira avec sa famille et avec des animaux de chaque espèce.

(22.)

Combien de temps dura le déluge ? Les

eaux du ciel tombèrent, sans interruption, pendant quarante jours et quarante
nuits.

(23)

Jusqu'où ces eaux s'élevèrent-elles?
Jusqu'à quinze coudées au-dessus de la
plus haute montagne.

(24.)

Que devint l'arche de Noé? Elle flotta
pendant six mois, et s'arrêta enfin sur les
monts d'Arménie, qui commençoient à se
découvrir.

(25.)

Que fit Noé quatre mois après? Il lâcha
un corbeau, qui ne revint plus; et, sept
jours après, une colombe, qui revint
dans l'arche.

(26.)

Que fit Noé sept jours après? Il fit
partir, pour la seconde fois, la colombe,
qui rapporta dans son bec un rameau
d'olivier vert; d'où Noé comprit que les
eaux commençoient à se retirer.

(27.)

*Combien y eut-il de patriarches depuis
Adam jusqu'à Noé?* On en compte dix,

dont les noms sont renfermés dans les vers qui suivent (1):

« Avant le seize cent cinquante et sixième an,
« Adam, père de Seth, Enos et Caïnam,
« Malaléem, Jared, Enoch, Mathusalem,
« Lamech avec Noé, qui fut père de Sem.

SECOND AGE DU MONDE.

DEPUIS LE DÉLUGE, EN 1656, JUSQU'À LA NAISSANCE D'ABRAHAM, EN 2039.

(Case 2 du Tableau.)

Noé plante la vigne, et recoit un outrage.
Dans la suite, à ses fils la terre se partage.

(28.)

Que fit Noé en sortant de l'arche un an après y être entré? Il offrit aussitôt un sacrifice à Dieu, qui promit de ne plus maudire la terre, et que l'arc-en-ciel seroit le signal de son alliance éternelle avec les hommes.

(29.)

Quelles furent les occupations de Noé après le déluge? Il se livra à l'agriculture, et planta la vigne, dont il fit du vin.

---

(1) On pourra se dispenser d'apprendre par cœur ces vers, ainsi que les autres qu'on trouvera marqués avec des guillemets.

(30.)

Comment connut-il bientôt, par expérience, le funeste effet de cette liqueur? En ayant trop bu, il s'endormit dans une posture peu décente.

(31.)

Comment les enfants de Noé se conduisirent-ils dans cette occasion? Cham, second fils de Noé, s'étant moqué de la nudité de son père, en fut puni par une malédiction qui tomba sur sa postérité; mais ses frères, Sem et Japhet, qui avoient couvert Noé d'un manteau, reçurent sa bénédiction paternelle.

———

L'Europe est à Japhet, et l'Afrique est à Cham;
Et Sem eut pour sa part l'Asie, à l'orient.

(32.)

Comment les trois fils de Noé et leurs nombreux descendants se partagèrent-ils la terre? Japhet eut l'Europe en partage; Cham eut l'Afrique, et Sem l'Asie orientale.

———

A la langue hébraïque Héber laisse son nom;
Dans Babel, sous Phaleg, naît la confusion.

(33.)

Comment la langue hébraïque tire-t-elle son nom d'Héber? Parce que la langue hébraïque, qu'avoient parlée les ancêtres d'Héber, fut exclusivement celle des descendants de sa famille.

(34.)

Pourquoi arriva parmi les hommes la confusion des langues? Dieu le voulut ainsi, pour punir la témérité des hommes qui avoient tenté d'élever jusqu'aux cieux la tour de Babel, afin d'y trouver un asile contre un nouveau déluge.

(35.)

Pourquoi le nom de Phaleg, qui signifie division, fut-il donné au fils d'Héber? Parce que la diversité des langues arriva dans son temps.

(36.)

Sait-on les noms des patriarches depuis Noé jusqu'à Abraham? Ces noms sont consignés en deux vers :

« Noé, Sem, Arphaxad, Caïnam et Salé,
« Héber, Phaleg et Rheu, Sarug, Nachor, Tharé.

TROISIÈME AGE DU MONDE.

DEPUIS LA NAISSANCE D'ABRAHAM, EN 2039, JUSQU'A LA MORT DE MOÏSE, EN 2584.

(Case 3 du Tableau.)

Quand le monde eut deux mille avec trente-neuf ans,
Vint au monde Abraham, le père des croyants.

(37.)

Pourquoi Abraham fut-il appelé le père des croyants ou des fidèles? Parce qu'il se confia toujours, et même contre toute apparence, aux promesses que Dieu lui avoit faites, tant pour lui que pour ses descendants.

(38.)

Pourquoi Abraham, accompagné de Sara sa femme, et de Loth son neveu, quitta-t-il son pays natal Ur en Chaldée? Ce fut pour fuir l'idolâtrie, qui régnoit dans cette ville, et pour obéir à Dieu, qui lui avoit promis de donner à sa postérité le pays de la Palestine ou de Chanaan.

(39.)

Quelle autre promesse fit Dieu à Abraham? Il lui promit encore qu'il au-

roit de sa femme, Sara, quoique âgée de
quatre-vingt-dix-neuf ans, un fils, suivi
d'une nombreuse postérité, de laquelle
naîtroit le Messie, c'est-à-dire *l'envoyé de
Dieu par excellence.*

(40.)

*Pourquoi Abraham et Loth se sépa-
rèrent-ils ?* Ce fut à cause des querelles
qui étoient survenues entre leurs pasteurs.
Abraham alla trouver Loth, et lui dit :
« Qu'il n'y ait point de querelles, je vous
prie, entre vous et moi, ni entre vos pasteurs et les miens : toute la terre est à
votre choix ; je vous prie seulement de
vous retirer : si vous allez à la gauche, je
me tiendrai à la droite ; si vous allez à la
droite, j'irai à la gauche. »

(41.)

*Quel exploit fit Abraham après s'être
séparé de Loth ?* Il remporta une victoire
sur Codorla-Homor, roi des Hélamites,
qui avoit conquis Sodome, où Loth s'étoit
établi.

(42.)

Que fit Abraham après cette victoire ?
Pour montrer sa reconnoissance à Dieu,
il donna la dixième partie du butin à
Melchisédech, qui étoit en même temps

prêtre du Très-Haut et la figure de Jésus-Christ.

(43.)

*Quels événements survinrent à Loth,
l'an* 2138? Il fut préservé, avec sa famille, de l'embrasement de Sodome et de
ses criminels habitants ; mais, en sortant
de cette ville, sa femme, qui, contre
l'ordre de l'Ange, regarda derrière elle,
fut changée en une statue de sel.

(44.)

*Comment Sara, femme d'Abraham
et mère d'Isaac, en agit-elle avec Agar?*
Elle chassa de sa maison Agar, sa ser-
vante, et seconde femme d'Abraham, de
laquelle ce patriarche avoit eu un fils
nommé Ismaël.

(45.)

Que devinrent Agar et son fils, l'an
2144? Errant dans un désert, et sur le
point d'y mourir de besoin, ils furent
miraculeusement assistés par un Ange.

(46.)

*Quelle postérité eut Ismaël dans la
suite?* Il eut douze fils, qui furent pères
de douze tribus d'Arabes qu'on voit encore aujourd'hui.

(47.)

En quoi Abraham montra-t-il sur-tout sa foi, l'an 2163 ? C'est lorsque Dieu lui ordonna de sacrifier Isaac, son fils unique, sur la montagne de Moria.

(48.)

Que se passa-t-il alors ? Abraham levoit déjà le glaive pour frapper ce fils chéri ; mais un Ange arrêta son bras.

Isaac cent ans après ; son fils Jacob fut père
D'onze chefs de tribus, tous soumis à leur frère.

(49.)

Quels enfants eut Isaac, fils d'Abraham ? Il eut de Rebecca, sa femme, deux fils jumeaux, Esaü et Jacob.

(50.)

Que fit Esaü, venant de la chasse très affamé ? Il vendit à Jacob son droit d'aînesse pour un plat de lentilles.

(51.)

Quel moyen employa Jacob pour obtenir la bénédiction de son père ? Jacob, pour surprendre à son père devenu aveugle la bénédiction de fils aîné destinée à Esaü, se couvrit de la peau d'un chevreau, qui le fit paroître velu, comme l'étoit son frère Esaü.

(52.)

Pourquoi Jacob se réfugia-t-il chez son oncle Laban ? Pour se soustraire au ressentiment de son frère Esaü.

(53.)

Que fit Jacob chez Laban ? Il y servit d'abord sept ans, et il épousa Lia, fille de Laban et sœur aînée de Rachel ; puis sept autres années, après lesquelles il épousa Rachel, qu'on lui avoit promise d'abord.

(54.)

Contre qui Jacob eut-il à lutter, en se réfugiant chez son oncle Laban ? Contre un Ange ; ce qui lui valut le surnom d'Israël, c'est-à-dire, *force de Dieu.*

(55.)

Que vit-il aussi en songe ? Une échelle mystérieuse, sur laquelle des Anges montoient au ciel et en descendoient.

(56.)

Que désignoit cette échelle ? La communication et les rapports qui doivent exister entre Dieu et les hommes, entre le ciel et la terre.

(57.)

Combien eut d'enfants Jacob de ses quatre femmes ? De Lia, de Rachel, de

Bala, de Zelpha, il eut douze fils, qui furent chefs d'autant de tribus ou familles.

(58.)

Comment pourroit-on aisément retenir leurs noms ? Par ces quatre vers :

« Jacob eut de *Lia* Ruben et Siméon,
« Lévi, Juda (Dina leur sœur), Issachar, Zabulon ;
« Joseph et Benjamin, de *Rachel*; de *Bala*,
« Dan avec Nephtali; Gad, Azer, de *Zelpha*.

(59.)

Que devinrent ces douze fils de Jacob ? Onze furent soumis en Egypte à leur frère Joseph, selon la prédiction qu'il avoit faite.

(60.)

Que firent aux Sichimites les deux fils de Jacob, Siméon et Lévi ? Voulant tirer vengeance d'une insulte faite à leur sœur Dina par le roi de Sichem, ils fondirent à l'improviste sur les Sichimites, qui, trois jours auparavant, s'étoient fait circoncire pour s'allier aux Israélites ; et ils en firent un horrible carnage.

(61.)

Pourquoi les frères de Joseph conçurent-ils tant de haine contre lui ? Parce Joseph étoit aimé avec prédilection par son père Jacob, et qu'il l'avertissoit de leurs écarts.

(62.)

Quels furent les deux songes que fit Joseph, et qui, marquant son élévation future, lui attirèrent de plus en plus la jalousie de ses frères ? Il vit d'abord ses frères, avec de petites javelles de blé dans un champ, s'incliner devant la sienne, et la reconnoître comme supérieure ; ensuite il lui sembla voir le soleil, la lune, et onze étoiles soumis à ses ordres.

(63.)

Jusqu'où alla la haine des frères de Joseph, contre lui ? Ils voulurent d'abord le tuer ; mais ils préférèrent de le vendre à des Ismaélites, qui le revendirent à Putiphar, général des armées de Pharaon, roi d'Egypte.

(64.)

Comment Joseph y fut-il mis en prison ? La femme de Putiphar, ayant sollicité inutilement Joseph au crime, osa elle-même l'en accuser, et le fit mettre en prison par son mari, qui ne soupçonnoit pas la calomnie.

2.

(65.)

Par quel bonheur Joseph sortit-il de prison, l'an 2319 ? L'échanson de Pharaon, ayant été retiré de cette même prison, parla du mérite de Joseph au roi son maître, qui le fit venir sur-le-champ pour entendre de lui l'explication de plusieurs songes.

(66.)

Quelle récompense obtint Joseph, après avoir expliqué ces songes ? Quand Joseph eut prédit, d'après le songe du roi, sept années d'abondance et sept années de stérilité, il obtint la première place dans les Etats d'Egypte.

(67.)

Par quelle circonstance vit-il en Egypte ses frères, l'an 2327 ? Au temps de la famine, qui obligea ses frères à venir y chercher du blé, il fit semblant de les recevoir comme des espions, et de vouloir s'assurer s'ils avoient en effet un autre frère appelé Benjamin : Pour cela, il retint Siméon prisonnier jusqu'à ce que, l'année suivante, ils lui eussent amené ce frère chéri.

(68.)

Que fit Joseph, lorsque ses frères fu-

rent revenus en Egypte avec Benjamin?
Il donna ordre qu'on les fît entrer dans
ses riches appartements, et qu'on prépa-
rât un festin magnifique; il reçut de bonne
grâce leurs humbles présents, et leur
parla de leur père Jacob.

(69.)

*Quel effet produisit sur Joseph la vue
de son frère Benjamin, fils de Rachel
comme lui?* Il en fut si sensiblement
touché, qu'il fut obligé de se retirer pour
verser avec plus de liberté des larmes de
tendresse; puis il revint gaîement se mettre à table, et il dîna avec ses frères.

(70.)

*Pourquoi Joseph, en congédiant ses
frères avec le blé dont ils avoient besoin,
ordonna-t-il qu'on mît sa coupe d'or
dans le sac de Benjamin?* Pour avoir
un prétexte de le faire arrêter en chemin, et de le garder ensuite chez lui jusqu'à ce que leur père Jacob fût venu lui-
même en Egypte.

(71.)

*Que fit Joseph, lorsque ses frères lui
remontrèrent que Jacob auroit pu mourir de douleur en apprenant la captivité
de son fils chéri Benjamin?* Ne pouvant

plus se retenir, et étant seul avec ses frères, il se fit enfin reconnoître par eux.
Il leur pardonna les mauvais traitements
qu'il en avoit reçus jadis, les embrassa
tous, et leur ordonna d'aller instruire
leur père de ce qu'ils avoient vu, et de le
ramener en Egypte.

(72.)

*Que fit Jacob, dès qu'il eut appris
que son fils Joseph étoit en Egypte?* Il
vint l'y voir, et se fixa, avec ses enfants,
dans le pays fertile de Gesen, que le roi
leur avoit accordé.

Caath, au temps de Job, eut pour père Lévi.
Amram, vers quatre cent, de Moïse est suivi.

(73.)

*Comment Moïse descendoit-il de Ja-
cob?* Par Lévi, père de Caath, qui eut
pour fils Amram, père de Moïse.

(74.)

Qui étoit Job, l'an 2464? Le saint
homme Job, seigneur d'Idumée, fut un
modèle de patience. Il perdit en un jour
ses biens, ses enfants, sa santé, et essuya
de plus les reproches de sa femme et de
ses amis, sans cesser de bénir le Seigneur.

(75.)

Que devinrent les Israélites après la mort de Joseph? Etant traités en Egypte comme des esclaves, ils furent délivrés par Moïse.

(76.)

Quelle fut l'enfance de Moïse? Moïse, flottant dans son berceau au milieu des eaux du Nil, où le roi Pharaon faisoit jeter tous les enfants mâles des Israélites, en fut retiré par la fille de ce prince, qui, l'ayant adopté, l'appela Moïse, c'est-à-dire, *sauvé des eaux.*

(77.)

Qu'arriva-t-il à Moïse lorsqu'il fut devenu grand? Il fut obligé de quitter la cour du roi Pharaon, pour avoir tué un Egyptien qui maltraitoit un Israélite.

(78.)

Quelle mission reçut Moïse? Dieu lui apparut sur le mont Horeb, dans un buisson embrasé, et lui ordonna de tirer son peuple d'Egypte.

(79.)

Que fit Moïse pour toucher Pharaon. qui refusoit de laisser partir le peuple? Il changea une baguette en serpent, l'eau du Nil en sang, le jour en d'épaisses té-

nèbres, et fit beaucoup d'autres pro-
diges.

(80.)

Quand Pharaon se détermina-t-il à laisser partir les Israélites, l'an 2544? Ce fut lorsque l'Ange du Seigneur, qui avoit exterminé dans une seule nuit tous les premiers-nés égyptiens, eut épargné les Israélites, dont la porte étoit teinte du sang d'un agneau.

(81.)

Le départ des Israélites de l'Egypte donna-t-il lieu à l'institution de quelque fête? Il donna lieu à la fête annuelle de Pâques, dont le nom, en hébreu, signifie *passage.*

(82.)

Qu'arriva-t-il aux Israélites, à leur sortie d'Egypte? Ayant emporté avec eux les vases d'or et d'argent empruntés aux Egyptiens, il furent poursuivis par Pharaon jusqu'à la mer Rouge; mais, au moment où celui-ci alloit les atteindre, la mer sépara ses eaux pour laisser passer les Israélites, et les réunit de nouveau pour engloutir les Egyptiens.

(83.)

Où Moïse conduisit-il ensuite les

Israélites? Dans le désert, pour les y former au culte du vrai Dieu.

(84.)

Comment les Israélites furent-ils nourris, pendant quarante ans, dans le désert? Ils le furent par la *manne* miraculeuse, qui tomboit pour eux du ciel tous les matins.

(85.)

Comment Dieu conduisit-il les Israélites dans le désert? Par un nuage en forme de colonne, pendant le jour; et par une colonne de feu, pendant la nuit.

(86.)

De quelle idolâtrie les Israélites se rendirent-ils coupables? Après que Dieu leur eût donné sa loi sur le mont Sinaï, par le ministère de Moïse, ils contraiguirent Aaron, son frère, à fabriquer un veau d'or qu'ils adorèrent.

(87.)

Que fit Moïse lorsqu'il vit que le peuple adoroit le veau d'or? Saisi d'indignation, il brisa les tables de la loi et fit exterminer vingt-trois mille des impies.

(88.)

Qui étoit Aaron? C'étoit le frère aîné de Moïse, qui, après le passage de la mer

Rouge, le fit nommer grand-prêtre.

(89.)

Comment le sacerdoce d'Aaron fut-il confirmé par un miracle? On convint, par ordre de Moïse, de conférer la souveraine sacrificature à la tribu dont la verge fleuriroit; on plaça les douze verges dans le tabernacle, et l'on trouva le lendemain la verge de la tribu de Lévi chargée de fleurs et de fruits : Aaron, qui étoit de cette tribu, fut alors reconnu grand-prêtre.

(90.)

Qu'étoit le tabernacle? C'étoit un temple portatif qui avoit quarante-cinq pieds de long sur quinze de haut et autant de large, et étoit partagé en deux parties.

(91.)

Quel nom portoit la première partie du tabernacle? Celle dans laquelle on entroit d'abord s'appeloit le *Saint*. Elle contenoit le chandelier d'or à sept branches, la table avec les douze pains de proposition ou d'offrande, qu'on changeoit toutes les semaines; l'autel d'or, où l'on faisoit brûler le parfum.

(92.)

Comment s'appeloit la seconde partie

du tabernacle? Elle s'appeloit le *sanc-tuaire* ou le *Saint des Saints.* Elle étoit séparée de la première par un voile pré-cieux, et contenoit l'arche d'alliance, qui ne pouvoit être portée que par les Lévites.

(93.)

Qu'étoit l'arche d'alliance? C'étoit un coffre de bois incorruptible, qui ren-fermoit trois objets précieux : les tables de la loi, une mesure de la manne tombée dans le désert, et la verge d'Aa-ron.

(94.)

Quelle punition reçurent Nadab et Abiu, fils d'Aaron, l'an 2545? Ils furent consumés par un tourbillon de feu, pour avoir employé dans leur encen-soir un feu profane.

(95.)

Quelle expédition fit faire Moïse dans la terre de Chanaan? Il y envoya un homme de chaque tribu pour reconnaître le pays et pour apporter de ses fruits : ces espions revinrent avec une grappe énorme de raisin, annoncèrent en même temps que cette terre étoit habitée par un peuple très redoutable, et répandirent

l'effroi parmi les Israélites, qui se révoltèrent contre Moïse.

(96.)

Qu'arriva-t-il à Coré, Dathan et Abiron, l'an 2548? Ces trois Lévites, pour avoir voulu usurper sur Aaron les fonctions sacerdotales, furent engloutis; et leur famille, ainsi que leurs partisans, furent dévorés par le feu.

(97.)

Comment les Israélites furent-ils en-suite punis de leur révolte? Par des ser-pents, qui faisoient mourir un grand nombre d'eux.

(98.)

Quel remède apporta Moïse à la pi-qûre des serpens? Il fit élever un serpent d'airain, par lequel étoient guéris tous ceux qui y regardoient.

(99.)

Qu'arriva-t-il au prophète Balaam, lorsqu'il étoit en route pour aller mau-dire les Israélites? Il frappa son ânesse, qui lui parla pour se plaindre : alors le prophète, déconcerté par ce miracle au lieu de maudire les Israélites, leur donna sa bénédiction.

(100.)

Comment furent traités les Israélites qui s'étoient laissé corrompre par les filles Moabites ? D'après les ordres de Dieu, l'on en mit à mort plus de vingt-quatre mille ; et Phinées, qui, dans cette occasion, avoit signalé son zèle contre les impies, reçut la dignité de grand-prêtre, héréditaire dans sa famille.

(101.)

Quelle fut la fin de Moïse, l'an 2584 ? Il mourut âgé de cent vingt ans, après en avoir passé quarante en Egypte, quarante dans la terre de Madian, et quarante dans le désert, où il avoit conduit le peuple de Dieu.

QUATRIÈME AGE DU MONDE.

DEPUIS LA MORT DE MOÏSE, EN 2584, JUSQU'AUX ROIS DES JUIFS, EN 2962.

(Case 4 du Tableau.)

En deux mille six cent moins seize, Josué,
Par qui Jéricho pris, le soleil arrêté.

(102.)

Quelle fut la fin des Israélites sortis d'Egypte ? Des six cent mille hommes

sortis d'Egypte pour entrer dans la terre
promise, Caleb et Josué furent les seuls
qui y parvinrent, se trouvant à la tête de
tous les Israélites nés dans le désert.

(103.)

*Pourquoi Dieu en avoit-il exclu les
autres?* Pour les punir de leur infidélité
et de leurs révoltes fréquentes pendant les
quarante ans qu'ils avoient erré dans le
désert.

(104.)

*Quel miracle opéra d'abord Josué,
successeur de Moïse?* Il arrêta les eaux
du Jourdain, pour laisser passer les
Israélites et les prêtres qui portoient
l'arche.

(105.)

*Comment Josué voulut-il perpétuer
la mémoire de ce passage miraculeux?*
Il ordonna à douze hommes, choisis parmi les douze tribus, de construire deux
autels, l'un au milieu du fleuve, avec
douze pierres prises sur la terre ferme;
et l'autre sur la terre ferme, avec douze
pierres prises dans le milieu du fleuve.

(106.)

Quel autre miracle fit-il ensuite? Il
fit tomber les murailles de Jéricho au son

des trompettes, après que son armée en
eût fait sept fois le tour.

(107.)

Pourquoi Achan fut-il lapidé? Pour
avoir causé la perte de trois mille Israélites, en se réservant, contre les ordres
de Dieu, les dépouilles des habitans de la
ville de Hay.

(108.)

Quel autre prodige opéra Josué, l'an
2589? Ayant besoin de prolonger le
jour pour remporter une pleine victoire
contre Adonibezec et contre d'autres petits rois qui assiégeoient Gabaon, il commanda au soleil de s'arrêter, et le soleil
s'arrêta.

(109.)

Pourquoi fit-on couper les doigts à
Adonibezec, roi de Jérusalem? Parce
qu'il avoit commis une pareille inhuma-
nité sur soixante-dix autres petits rois.

———

Othoniel sauva son peuple de Chusan,
Comme Aod de Moab, et Barac de Chanan.

(110.)

Quels exploits fit Othoniel, succes-
seur de Josué? Il délivra les Israélites
de la servitude de Chusan, roi de Méso-

potamie, et les gouverna pendant quarante ans.

(111.)

Comment Aod, successeur d'Othoniel, délivra-t-il le peuple juif de la servitude de Moab, l'an 2646 ? S'étant présenté devant Eglon, roi des Moabites, qui tenoit les Israélites esclaves, il le tua d'une main, tandis qu'il lui faisoit un présent de l'autre.

———

Vers sept cent, avec lui, la sage Débora,
Lorsque fut par Jahel transpercé Sizara.

(112.)

Comment se signala Débora, l'an 2721 ? Cette sainte prophétesse, aidée de Barac, délivra les Israélites de la servitude de Jabin, roi de Chanaan, dont l'armée étoit soutenue par neuf cents chariots armés de faux tranchantes.

(113.)

Après cette déroute, comment finit Sizara, général de l'armée de Jabin ? Il fut tué par Jahel, femme israélite, chez qui il s'étoit réfugié, et qui, pendant qu'il dormoit, lui perça la tête d'un gros clou, qu'elle enfonça en terre.

———

Gédéon triompha par le bruit et le feu.
Abimélec tyran. Jephté remplit son vœu.

(114.)

Que donna à entendre à Gédéon le miracle de la toison, *l'an* 2798 ? Cette toison, qui étoit sèche lorsque la terre étoit mouillée par la rosée, et mouillée lorsque la terre étoit sèche, fit entendre à Gédéon que Dieu le destinoit à délivrer le peuple de la servitude des Madianites, comme l'Ange le lui avoit déjà annoncé.

(115.)

Quels hommes choisit Gédéon pour marcher contre les Madianites ? Il ne prit que trois cents soldats, parmi les dix mille hommes de son armée : il choisit ceux qui, au bord du Jourdain, avoient puisé de l'eau dans le creux de la main; et il rejeta ceux qui s'étoient couchés à terre, afin de boire plus à leur aise.

(116.)

Que firent Gédéon et ses trois cents soldats ? Armés de trompettes, de pots de terre, de flambeaux allumés, et criant de toutes leurs forces : *L'épée du Seigneur et de Gédéon*, ils mirent une horrible confusion parmi les Madianites, qui s'entretuèrent eux-mêmes.

(117.)

Comment finit Abimélec, l'an 2801 ?
Ce tyran, fils de Gédéon, ayant fait
mourir soixante-dix de ses frères et fait
brûler deux mille Sichimites, fut blessé
mortellement par une femme qui lui jeta
une grosse pierre du haut d'une tour.
Abimélec, ne pouvant souffrir qu'on dît
qu'il mouroit par les mains d'une
femme, commanda à son écuyer d'achever de le percer avec son épée.

(118.)

Quel fut le vœu de Jephté, l'an 2849 ?
Il fit le vœu imprudent de sacrifier à
Dieu ce qui se présenteroit le premier à
lui après sa victoire contre les Ammo-
nites : ce fut sa fille unique, qui venoit
au-devant de lui en dansant ; et elle fut
immolée au bout de deux mois.

Deux et trois sont omis. Samson meurt vers neuf cent.
Sont Héli, Samuel, malheureux en enfants.

(119.)

*Le peuple eut-il encore d'autres chefs
avant et après Jepthé ?* Il en eut cinq
peu remarquables, dont deux avant Jepthé, et trois après lui.

(120.)

Quelle fut la première éducation de Samson ? D'après ce que Dieu avoit ordonné, on ne lui coupa point les cheveux, on ne lui fit point boire de vin, ni de toute liqueur qui enivre, et il devint le plus fort de tous les hommes.

(121.)

Par quel exploit Samson commença-t-il à faire connaître sa force ? Ayant rencontré dans son chemin un lionceau qui, écumant de rage, venoit à lui, il le prit par la queue et le déchira en pièces.

(122.)

Comment se vengea-t-il des Philistins qui l'avoient offensé ? Il brûla leurs moissons en lâchant cinq cents renards, à la queue desquels il avoit attaché des brandons de feu et des torches allumées.

(123.)

Après avoir brisé ses fers, quel exploit fit-il avec la mâchoire d'un âne ? Il s'en servit pour mettre en fuite trois mille hommes qui l'escortoient, et pour assommer plus de mille Philistins : puis, d'une des dents de cette mâchoire, il fit jaillir une fontaine, dont les eaux apaisèrent sa soif.

(124.)

Comment s'échappa-t-il de sa captivité? Il prit sur ses épaules les portes de la ville de Gaza, où ses ennemis l'avoient enfermé, et les transporta sur une montagne.

(125.)

Comment Dalila, sa femme, née Philistine, le trahit-elle? Ayant su que toute la force de son mari consistoit dans ses cheveux, elle les lui coupa pour le livrer aux Philistins, qui lui crevèrent les yeux.

(126.)

Quelle fut la fin de Samson? Sa force lui étant revenue avec ses cheveux, il secoua les colonnes du temple où on l'avoit amené pour l'insulter, et s'y ensevelit avec trois mille Philistins.

(127.)

Quel désastre affligea la tribu de Benjamin? Un lévite envoya aux douze tribus les morceaux du corps de sa femme, insultée et tuée par les Benjamites ; alors les tribus se rassemblèrent et massacrèrent tous les Benjamites, à l'exception de six cents.

(128.)

Comment Dieu punit-il le grand-prêtre Héli de son excès d'indulgence envers ses enfants? Il permit que ses deux fils, Ophni et Phinées, fussent tués dans une bataille contre les Philistins.

(129.)

Quelle fut la fin du pontife Héli, l'an 2939? Apprenant la défaite du peuple de Dieu, et la prise de l'arche d'alliance, il tomba de douleur, et se brisa la tête.

(130.)

Pourquoi les Philistins rendirent-ils ensuite l'arche aux Israélites, l'an 2940? Sa présence ayant renversé l'idole des Philistins, et attiré sur eux différens malheurs, ils s'empressèrent de la renvoyer.

(131.)

Pourquoi les Israélites cessèrent-ils d'être gouvernés par des juges, l'an 2960? Les enfants du pontife Samuel, étant aussi déréglés que l'avoient été ceux d'Héli, lassèrent tellement les Israélites, que ces derniers demandèrent à Samuel, malgré ses remontrances, à être gouvernés par un roi.

(132.)

Qui fut Ruth? Ce fut une femme Moabite qui épousa Mahalon, fils de Noémi. Après la mort de son mari, elle suivit sa belle-mère à Bethléem, où elle épousa Booz, homme fort riche, et un des ancêtres de David.

CINQUIÈME AGE DU MONDE.

DEPUIS LES ROIS DES JUIFS, EN 2962, JUSQU'A LA FONDATION DE ROME, EN 3300.

(Case 5 du Tableau.)

L'an trois mil moins trente-huit donna des rois aux Juifs. Saül est réprouvé, se tue après ses fils.

(133.)

Dans quelle circonstance Saül fut-il élu roi des Israélites, l'an 2962 ? Pendant qu'il alloit un jour chercher les ânesses de son père, il fut rencontré par Samuel, qui le sacra roi par l'ordre de Dieu.

(134.)

Pourquoi Saül fut-il réprouvé de Dieu ? Parce qu'ayant reçu l'ordre d'exterminer tous les Amalécites, il épargna leur roi, Agag.

David vainc Goliath , fut doux , fit pénitence.
Le sage Salomon les idoles encense.

(135.)

Quel fut l'exploit que fit le jeune David sous le roi Saül ? Il tua Goliath d'un coup de fronde , et coupa ensuite la tête à ce géant, qui insultoit les Israélites, et qui les faisoit trembler à son aspect.

(136.)

Quelle fut la récompense de David , pour avoir tué Goliath ? Il obtint en mariage Michol, fille du roi Saül ; et, par cette alliance, il resserra ses liens d'amitié avec Jonathas, frère de Michol.

(137.)

De quel œil Saül regardoit-il David ? David fut toujours traité par Saül comme ennemi , quoique, par ses services et par sa douceur, il fît tout pour le gagner.

(138.)

Jusqu'où alla l'acharnement de Saül contre David ? N'ayant pu le joindre pour le tuer, il fit mourir des prêtres qui l'avoient retiré chez eux.

(139.)

Quelle fut la conduite généreuse de David envers Saül ? L'ayant trouvé seul et endormi dans une caverne, au lieu de se

4

venger de son ennemi mortel, il se contenta de lui couper le bord de sa robe, pour lui montrer qu'il auroit pu le tuer.

(140.)

Comment finit Saül, l'an 2979? Apprenant par une magicienne le mauvais succès d'une guerre qu'il avoit commencée contre les Philistins, et où ses trois fils venoient de perdre la vie, il se jeta sur la pointe de son épée, après avoir prié inutilement son écuyer de le tuer.

(141.)

Quel grand crime commit David, parvenu au comble de la prospérité? Vainqueur de ses ennemis, tant au dedans qu'au dehors, et devenu un roi puissant, il abusa de Bethsabée, dont il fit mourir le mari innocent, appelé Urie.

(142.)

A quelle violence se porta Absalon, le plus chéri des fils de David, l'an 3009? Il tua son frère Amnon, coupable d'un outrage envers sa sœur Thamar.

(143.)

Quelle fut la mort d'Absalon, qui, s'étant révolté contre son père, fuyoit devant Joab, général de David, l'an 3017? S'étant trouvé pris aux branches d'un arbre, à cause de sa chevelure très épaisse, il fut percé d'un coup de lance par ce général, qui, en cela, outre-passa les ordres du roi.

(144.)

Comment Dieu punit-il David de la vanité qu'il avoit eue de faire le dénombrement de son peuple? Il l'obligea de faire choix entre trois fléaux, savoir : la famine, la guerre, ou la peste.

(145.)

Lequel de ces trois fléaux choisit David? Celui de la peste, qui fit mourir, en trois jours, soixante-dix mille de ses sujets.

(146.)

Comment Salomon fut-il couronné roi, du vivant même de David, son père, au préjudice d'Adonias, son frère aîné? Il le fut à la sollicitation de sa mère Bethsabée, et par les conseils du prophète Nathan.

(147.)

En quoi Salomon montra-t-il particulièrement sa haute sagesse? Dans le jugement qu'il porta au sujet de deux femmes, dont chacune prétendoit être la mère d'un même enfant. Il adjugea l'enfant à celle qui ne voulut pas qu'on le coupât en deux pour le partager.

(148.)

Quel fut le superbe monument bâti par Salomon, l'an 3025? Le temple de Jérusalem, projeté déjà par David son père, et pour la construction duquel furent employés environ deux cent cinquante mille ouvriers.

(149.)

Que fit Salomon, depuis que la reine de Saba fut venue pour admirer la sagesse si vantée de ce monarque? Il se livra à un grand nombre de femmes étrangères, qui, vers l'an 3054, l'entraînèrent dans l'idolâtrie.

———

Roboam vint après, mais qui ne régna plus
En Juda, que sur deux de ses douze tribus.

(150.)

Quelle fut la cause de la division du royaume des Juifs, l'an 3060? Quand Roboam, fils et successeur de Salomon, eut refusé d'ôter les impôts excessifs que son père avoit mis sur le peuple, dix des douze tribus se révoltèrent contre lui, et prirent pour roi Jéroboam; les deux autres, celles de Juda et de Benjamin, lui demeurèrent fidèles.

(151.)

Sous quels noms furent connus ces deux royaumes? Celui de Roboam fut appelé *royaume de Juda*, et celui de Jéroboam fut appelé *royaume d'Israël*.

———

ROIS DE JUDA.

Avant l'an trois mil cent, Asa suit Abiam.
Le zélé Josaphat, le criminel Joram.

(152.)

Quels exploits glorieux fit Abia, fils et successeur de Roboam, l'an 3077? Ayant invoqué le nom du Seigneur, il défit, avec quatre cent mille hommes, une armée double de la sienne, commandée par Jéroboam, roi d'Israël.

(153.)

Comment Asa, fils d'Abia, fut-il récompensé de sa piété, l'an 3084? Par une victoire complète remportée sur Zara, roi d'Egypte, qui étoit venu l'attaquer.

(154.)

Comment le roi Josaphat montra-t-il son zèle pour le bien de ses sujets, l'an 3140? Il envoya par tout son royaume

4.

des lévites et des docteurs, chargés d'instruire ses peuples.

(155.)

Quel reproche a-t-on fait à Josaphat ? Celui d'avoir fait épouser à son fils Joram l'impie Athalie, qui fut la ruine de sa maison.

(156.)

Pourquoi cessa-t-il d'assiéger Mesa, roi des Moabites? Parce qu'il eut horreur de voir ce roi inhumain sacrifier son propre fils sur les murailles de la ville.

(157.)

En quoi particulièrement Joram, fils de Josaphat, se rendit-il criminel, l'an 3145? En faisant mourir tous ses frères, et en dressant des autels aux idoles, pour complaire à sa femme Athalie.

La cruelle Athalie, après Ochosias,
Fit bientôt, par sa mort, régner l'ingrat Joas.

(158.)

Quelle fut la fin d'Ochosias, fils de Joram ? Après une expédition contre le roi de Syrie, il fut tué par Jéhu, envoyé de Dieu pour détruire la race d'Achab, aïeul d'Ochosias et père d'Athalie.

(159.)

Quelles atrocités commit Athalie?
Elle fit mourir les princes de Juda, pour
régner à leur place.

(160.)

*Pourquoi ne put-elle pas atteindre le
jeune Joas, fils d'Ochosias?* Parce que
Josabeth, tante de Joas, trouva le moyen
de le tenir caché dans le temple.

(161.)

Comment finit Athalie, l'an 3150? Le
grand-prêtre Joïada, mari de Josabeth,
la fit mourir dans le temple, et mit sur
le trône le jeune Joas, roi légitime.

(162.)

*Quelle fut l'inconséquence de Joas,
parvenu au trône?* Oubliant les avis salu-
taires de Joïada, il fut réduit à livrer les
trésors du temple à Hazaël, roi de Syrie,
son vainqueur.

(163.)

*En quoi l'ingrat Joas se montra-t-il
cruel, l'an 3192?* Il fit mourir, entre le
temple et l'autel, Zacharie, fils de ce
même Joïada à qui il devoit la vie et la
couronne.

Amazias vaincu dans sa propre cité.
Azarias lépreux hors de société.

(164.)

*Qu'arriva-t-il au roi Amazias, fils
de Joas, l'an 3210?* Il attaqua le roi d'Israël, nommé aussi Joas, qui le vainquit,
et le mena en triomphe dans la ville même
de Jérusalem, capitale du royaume de
Juda.

(165.)

*Quelle fut la punition d'Azarias, fils
d'Amazias, pour avoir voulu usurper
les fonctions sacerdotales?* Il fut couvert
de lèpre; accident qui l'obligea, d'après
la loi des Juifs, à laisser le gouvernement
entre les mains de son fils Joatham, et à
s'isoler de la société des hommes.

———

Joatham roi pieux, son fils l'impie Achaz,
Sacrifie à Moloc, est captif à Damas.

(166.)

*Quelle époque remarquable place-t-on
après le règne d'Azarias, l'an 3278?* La
première olympiade, c'est-à-dire l'institution des jeux olympiques, d'après laquelle les Grecs comptent leurs années :
elle fut célébrée sous le règne pieux du roi
Joatham, successeur d'Azarias.

(167.)

En quoi Achaz, fils et successeur de Joatham, surpassa-t-il ses successeurs en impiété, l'an 3283? Il ferma le temple du vrai Dieu, et consacra son fils à l'idole de Moloc.

(168.)

Comment Dieu punit-il Achaz de son impiété? En permettant qu'il fût mené captif à Damas par le roi de Syrie.

(169.)

Quelle époque coïncide à ces évènemens? La fondation de Rome, arrivée l'an trois mil huit cent du monde, et la septième du règne d'Achaz.

———

ROIS D'ISRAËL.

Des princes d'Israël la suite dominante
Naît de Jéroboam vers l'an trois mil soixante.

(170.)

Que fit Jéroboam, premier roi d'Israël, depuis que ses dix tribus se furent séparées du royaume de Roboam? Il fit adorer à ses nouveaux sujets deux veaux d'or, pour les empêcher d'aller à Jérusalem adorer le vrai Dieu.

(171.)

Qu'arriva-t-il à Jéroboam après cette

innovation? Un prophète ayant brisé miraculeusement l'autel où s'offroient les sacrifices aux idoles, la main que Jéroboam tenoit étendue sur l'autel de ces idoles fut desséchée subitement.

(172.)

Quel fut l'effet de cette punition ? Jéroboam fut guéri depuis par un autre prophète; mais il ne se convertit pas.

Depuis ce temps d'erreur jusques au temps de Rome,
Qn compta dix-neuf rois, on ne vit qu'un grand homme.

(173.)

Combien de rois ont régné dans Israël? Il y en a eu dix-neuf, tous très peu remarquables par leurs actions, si l'on en excepte Jéhu.

(174.)

Quels furent les rois d'Israël, après Jéroboam I? Ce furent Nadab, Baasa, Ela, Zambri, Amri, Achab, Ochosias, Joram, Jéhu, Joacas, Joas, Jéroboam II, Zacharie, Sellum, Manahem, Phacéjas, Phacée, Ozée.

(175.)

Quel fut le successeur de Jéroboam I, l'an 3081 ? Nadab, qui, avec toute sa famille, fut égorgé et remplacé par Baasa, un de ses généraux.

(176.)

Qui régna après Baasa, l'an 3106? Ce fut son fils Ela, tué, peu de temps après, dans un état d'ivresse par Zambri, qui se plaça sur le trône.

(177.)

Combien de temps régna Zambri? Au bout de huit jours, pour s'échapper des mains d'Amri, qui l'assiégeoit dans Thersa, sa capitale, il mit le feu à son palais, et se brûla.

(178.)

Que fit alors Amri? Il transporta le siège royal de Thersa à Samarie, qui devint depuis la capitale du royaume d'Israël.

(179.)

Quel fut le successeur d'Amri? Achab, son fils, qui, par les conseils de son épouse Jézabel, princesse étrangère et idolâtre, résista opiniâtrément aux remontrances du prophète Elie.

(180.)

Où se retira Elie pour se soustraire à la persécution d'Achab, l'an 3131? Dans un désert, où des corbeaux lui apportoient journellement sa nourriture.

(181.)

Que fit ce prophète, après être revenu à Samarie? Il extermina quatre cent cinquante prêtres de Baal, après avoir fait tomber le feu du ciel sur leurs holocaustes.

(182.)

Que fit Elie, après avoir détruit l'autel et les prêtres de Baal? Menacé par Jézabel, il marcha pendant quarante jours et quarante nuits dans un désert, où un Ange le nourrit miraculeusement. Il alla à la montagne d'Horeb, où Dieu lui apparut, et lui ordonna d'aller à Damas pour y sacrer Hazaël, roi de Syrie, et Jéhu, roi d'Israël.

(183.)

Que devint-il enfin? Après avoir fait beaucoup d'autres miracles, il fut enlevé au ciel dans un char de feu, à la vue de son disciple Elisée, auquel il laissa son manteau.

(184.)

Quels furent les principaux miracles opérés par Elisée, héritier des vertus d'Elie? 1° Il divisa miraculeusement, avec son manteau, les eaux du Jourdain;

2° il corrigea les mauvaises qualités des eaux de la fontaine de Jéricho, en y jetant un peu de sel; 3° il fit sortir d'une forêt deux ours qui dévorèrent quarante-deux enfants, par lesquels il avoit été insulté, à cause de sa tête chauve; 4° il multiplia l'huile d'une pauvre veuve jusqu'à ce qu'elle n'eût plus de vases pour en recevoir; 5° il guérit d'une lèpre hideuse Naaman, ministre du roi de Syrie, en lui ordonnant de se laver sept fois dans les eaux du Jourdain; 6° il ressuscita le fils d'une femme Sunamite.

(185.)

Qui furent Ochosias et Joram? Ils succédèrent l'un après l'autre à leur père Achab, dans le royaume d'Israël, autrement de Samarie.

(186.)

Que fit Jéhu, général d'Achab, après avoir été sacré roi d'Israël par un disciple d'Elisée, l'an 3178? Envoyé de Dieu pour exterminer la famille du roi Achab, il marcha contre Joram, roi d'Israël, fils d'Achab, et le fit mourir avec soixante-dix de ses parents, au nombre desquels se trouvoit Ochosias, roi de Juda.

5

(187.)

Que fit-il à Jézabel, femme d'Achab?
Il la fit précipiter du haut d'une fenêtre;
de sorte que le corps de cette princesse
idolâtre fut foulé aux pieds des chevaux,
et son sang fut léché par des chiens,
comme le prophète Elie l'avoit prédit.

(188.)

*Dans quelle occasion fut prononcée
cette prophétie?* Ce fut lorsque Jézabel et
son mari Achab eurent fait lapider l'innocent Naboth, pour s'emparer de sa
vigne qui étoit à leur convenance.

(189.)

Qui furent Joacas et Joas? Joacas,
fils et successeur du roi Jéhu, fut remplacé par Joas, son fils, qui régna peu de
temps avant l'an trois mil deux cent.

(190.)

Qui étoit Jéroboam II? Il étoit fils de
Joas, petit-fils de Joacas, et arrière petit-
fils de Jéhu.

(191.)

*Quelle anarchie subsista après Jéro-
boam, l'an 3211?* Plusieurs savants sup-
posent, après Jéroboam II, un interrègne
ou une interruption de douze ans; mais
l'Ecriture sainte n'en parle pas.

(192.)

Que fit le prophète Jonas vers ce temps ? Il désobéit à Dieu par humilité; et au lieu de se rendre à Ninive, où Dieu l'envoyoit prêcher la pénitence, il s'embarqua pour aller dans la Cilicie.

(193.)

Que lui arriva-t-il alors ? Il fut jeté à la mer par des nautonniers, qui prétendoient ainsi apaiser une tempête; mais une baleine le reçut dans son corps, et le vomit sur le rivage au bout de trois jours.

(194.)

Quels rois d'Israël l'Ecriture marque-t-elle après Jéroboam II? Le roi Zacharie, tué au bout de six mois par Sellum, qui le fut lui-même un mois après par Manahem.

(195.)

Comment Manahem, successeur de Sellum, fut-il sous la domination de Phul, l'an 3264? Il fut obligé de payer tribut à ce roi d'Assyrie, qui commença ainsi à subjuguer le royaume d'Israël.

(196.)

Quels furent les successeurs de Manahem, l'an 3275? Phacéjas, tué par

Phacée, qui, à son tour, fut massacré par son successeur Ozée, dernier roi d'Israël.

(197.)

Qu'étoient devenues sous Phacée les provinces d'Israël au delà du Jourdain? Elles avoient été subjuguées par Théglat-Phalazar, roi d'Assyrie qui en transporta les habitants dans ses états.

B. N. Nous cessons ici d'indiquer les années depuis la création du monde, pour ne marquer que celles après la fondation de Rome : ainsi, pour trouver dorénavant la date d'un évènement, il suffit d'ajouter le nombre 3300 du monde à celui de l'année où ce fait est arrivé. On retiendra aisément cette époque, à l'aide des deux vers suivants :

« En l'an trois mil trois cent, Romulus est fameux ;
« Vingt et deux ans depuis les olympiques jeux. »

Ier SIÈCLE DE ROME.

DEPUIS L'AN 3300 JUSQU'A L'AN 3400.

CONTINUATION DU ROYAUME DE JUDA.

(Case 6 du Tableau.)

Ezéchias sous qui Sennachérib périt.
Manassès pénitent lorsque vivoit Judith.

(198.)

Quel fut Ezéchias? Il fut fils et successeur du roi Achas, l'an neuf de Rome.

(199.)

*Quelle protection obtint-il de Dieu,
l'an 22?* Il fut délivré miraculeusement
de l'armée de Sennachérib, roi d'Assyrie,
à qui il avoit refusé de payer le tribut
promis par son père.

(200.)

Par quel miracle en fut-il délivré?
Un Ange vint la nuit exterminer cent
quatre-vingt mille hommes de l'armée
de ce roi barbare, qui périt aussi quelque temps après, assassiné par ses fils.

(201.)

*A quelle occasion Manassès, fils et
successeur d'Ezéchias, fut-il pénitent,
l'an 38?* Ayant fait scier en deux, à l'aide
d'une scie de bois, le prophète Isaïe, qui
lui adressoit de justes réprimandes, il fut,
en punition de cette cruauté, emmené
captif par Mérodach, roi de Babylone,
chez lequel il donna des signes tardifs de
repentir.

(202.)

*Quel exploit fit la sainte veuve Ju-
dith, qui vivoit en ce temps?* Ayant eu
accès, par sa beauté, dans la tente d'Ho-
lopherne, général des Assyriens qui assiégeoient Béthulie, elle lui coupa la tête

5.

pendant qu'il étoit plongé dans le sommeil de l'ivresse.

Amon haï des siens. Vers l'an cent, Josias
Meurt combattant Nécos qui chasse Joacas.

(203.)

*Comment finit Amon, fils et succes-
seur de Manassès, l'an* 91? Il fut tué
par ses sujets qui le haïssoient, et qui re-
connurent en sa place le jeune Josias,
son fils, âgé de huit ans, dont le règne
fut marqué par des actes de piété.

(204.)

Quelle fut la fin du roi Josias? Il fut
tué d'un coup de flèche en combattant
Néchao ou Nécos, roi d'Egypte, qui
rendit tributaire le royaume de Juda.

(205.)

*Pourquoi Joacas, fils de Josias, fut-
il chassé du trône?* Parce que, à l'imitation de son père, s'étant révolté contre
Néchao, ce roi le mena prisonnier en
Egypte, et mit en sa place, dans Jérusalem, Eliacim, frère de Joacas, après lui
avoir donné le nom de Joachim.

FIN DU ROYAUME D'ISRAEL.

L'an quatorze de Rome, Ozée en Assyrie,
Est par Salmanazar captif avec Tobie.

(206.)

Par qui fut détruit le royaume d'Israël, dont la durée fut de deux cent cinquante-cinq ans ? Par Salmanazar, roi d'Assyrie, qui prit le roi Ozée dans Samarie, sa capitale, et l'amena captif dans Ninive, avec tous les Israélites, ses sujets, au nombre desquels étoit Tobie.

(207.)

Qui étoit Tobie ? C'étoit un saint homme qui ne s'occupoit, pendant sa captivité, qu'à des œuvres pieuses, et surtout à donner la sépulture aux corps morts des Israélites.

(208.)

Quel secours le jeune Tobie procura-t-il à son père devenu aveugle ? Tobie, envoyé par son père pour retirer une somme d'argent dans un pays éloigné, y fut conduit par l'ange Raphaël, qui, ayant pris pour l'accompagner une forme humaine, lui rendit toutes sortes de services, et lui montra un poisson, dont le fiel servit à rendre la vue à son père.

(209.)

Comment Tobie le père et le fils montrèrent-ils leur reconnaissance à l'Ange?
Ils l'engagèrent à accepter la moitié de leurs biens ; mais ce messager du ciel, après les avoir invités à bénir Dieu, disparut sur-le-champ.

IIe SIÈCLE DE ROME.

DEPUIS L'AN 3400 JUSQU'A L'AN 3500.

FIN DU ROYAUME DE JUDA.

(Case 7 du Tableau.)

En Babylone aux fers deux Joachim sont mis ;
Sédécias le fut en cent quarante-six.

(210.)

Par qui le roi Joachim Ier fut-il amené captif à Babylone? Par le roi Nabuchodonosor, qui, quelque temps après, le renvoya à Jérusalem, en gardant le jeune Daniel et d'autres seigneurs de Judée pour ôtages, l'an 142. Cette époque est appelée la première transmigration des Juifs à Babylone.

(211.)

Que fit Nabuchodonosor, après avoir

fait mourir Joachim Ier dans Jérusalem? Il mit en sa place Joachim II, fils de Joachim Ier, qu'on appelle aussi Jéchonias.

(212.)

Que devint Jéchonias? S'attirant, comme son père, l'indignation de Nabuchodonosor, il fut, à son tour, mené captif à Babylone avec sa mère et les seigneurs de la Judée, jusqu'au nombre de dix mille. Cette époque est nommée la seconde transmigration des Juifs à Babylone.

(213.)

Comment finit Sédécias, oncle et successeur du roi Joachim II? Ayant défendu pendant deux ans la ville de Jérusalem contre l'armée de Nabuchodonosor, il fut enfin pris par ce monarque, qui fit mourir ses enfants en sa présence.

(214.)

Quelle autre cruauté exerça Nabuchodonosor contre Sédécias? Il lui fit crever les yeux et le mena à Babylone, où ce roi, sous qui finit le royaume de Juda, mourut de chagrin, l'an cent quarante-six de Rome. Cette époque fut la troisième et dernière transmigration des Juifs à Ba-

bylone, où ils restèrent en captivité pendant soixante et dix ans.

———

Depuis un siècle et plus, par Amos, Isaïe
Des maux prophétisés, sont vus par Jérémie.

(215.)

*Qu'eurent de particulier tous ces der-
niers désastres du peuple Juif?* Ils avoient
été prédits depuis plus d'un siècle par les
prophètes Amos et Isaïe, et avoient été
annoncés depuis plusieurs années par
Jérémie, qui eut le malheur d'en être le
témoin.

———

En Babylone on voit Susanne et Daniel;
Un roi qui devint brute, et l'idole de Bel.

(216.)

*Qu'arriva-t-il aux trois jeunes Israé-
lites Ananias, Misaël et Azarias, éle-
vés avec Daniel à la cour du roi de
Babylone, l'an* 156? Ils furent jetés dans
une fournaise ardente, pour n'avoir pas
voulu adorer l'idole de Bel et la statue de
Nabuchodonosor; mais le feu ne leur fit
aucun mal, et ils sortirent en chantant les
louanges du Seigneur, comme ils y étoient
entrés.

(217.)

Quelle fut Susanne? Une Juive chaste

qui, étant condamnée à Babylone sur le témoignage de deux vieillards infâmes, fut montrée innocente par le jeune Daniel au moment où on alloit la mener au supplice.

(218.)

Par quel moyen Daniel justifia-t-il la chaste Susanne contre l'imputation des deux vieillards? Il les mit en contradiction entre eux, après les avoir interrogés chacun en particulier.

(219.)

Quelle interprétation donna le prophète Daniel au songe du roi Nabuchodonosor, l'an 163? Dans la vision qu'eut ce prince d'une statue de divers métaux et d'un grand arbre près d'être coupé, il prédit non-seulement la destruction de l'empire de Nabuchodonosor, auquel devaient succéder d'autres monarchies, mais encore l'étrange destinée de ce prince.

(220.)

Quelle fut l'étrange destinée du roi Nabuchodonosor? Il perdit pendant sept ans l'usage de sa raison, et fut réduit à la condition des bêtes, vivant dans les forêts, sans partager avec les autres hommes, ni la société, ni la nourriture ordinaires.

(221.)

Pourquoi Dieu humilia-t-il ainsi ce monarque ? Pour le punir d'avoir fait adorer à ses peuples l'idole de Bel et sa propre statue.

(222.)

Qu'arriva-t-il à Daniel sous le roi de Babylone Balthazar, successeur d'Evil-méroduch ? Ayant, malgré un édit du prince, adoré publiquement le vrai Dieu, il fut jeté en présence des lions, qui ne lui firent aucun mal, mais qui dévorèrent ses accusateurs.

(223.)

Quelle interprétation donna le prophète Daniel à la vision du roi Baltha-zar ? Sur ce que le monarque avoit vu, dans un festin, une main qui écrivoit ces mots : *Mane, Thecel, Pharès;* Daniel lui prédit que son royaume seroit divisé et transféré aux Mèdes et aux Perses. En effet, ce prince ayant été assassiné par ses sujets, fut remplacé par Darius le Mède, et quelque temps après, par Cyrus, roi de Perse.

IIIᵉ SIÈCLE DE ROME.

DEPUIS L'AN 3500 JUSQU'A L'AN 3600.

FIN DE LA CAPTIVITÉ : GOUVERNEMENT DES PONTIFES..

(*Case 8 du Tableau.*)

Les Juifs, après deux cent, sous Cyrus ramenés
Sont par Zorobabel, par Esdras gouvernés.

(224.)

*Comment finit la captivité des Juifs
en Babylone, l'an 210, après avoir
duré soixante-dix ans?* Cyrus renvoya
dans leur pays tous les Juifs qui voulurent
y retourner, leur accorda sa protection,
et leur fit rendre tous les vases d'or et
d'argent qu'on avoit enlevés du temple de
Jérusalem.

(225.)

*Par qui les Juifs furent-ils gouvernés,
à leur retour chez eux?* D'abord par Zorobabel, leur chef militaire, puis par le
grand-prêtre Josué, et en dernier par
Esdras, docteur de la loi.

(226.)

*Après la mort de Cyrus, quel fut
l'état des Juifs restés à Babylone?* Une
partie d'entre eux retournèrent à Jérusa-

6

lem, et travaillèrent à y rétablir le culte de Dieu sous leurs pontifes ; les autres, en plus grand nombre, se fixèrent dans les états du roi de Perse, situés au-delà de l'Euphrate.

(227.)

Quel est le fait remarquable dont furent témoins ces derniers ? L'histoire d'Esther, femme Israélite, épouse du roi Assuérus, qu'on croit être le même qu'Artaxercès.

(228.)

Quel est le sujet principal de cette histoire ? C'est la persécution du Juif Mardochée, oncle d'Esther, qui fut sur le point de périr avec tous ceux de sa nation, pour avoir refusé, lui seul, de fléchir le genou devant Aman, favori du roi.

(229.)

Que fit Assuérus, se rappelant les services importants que lui avoit rendus Mardochée, et touché aussi des larmes de la reine Esther son épouse ? Il retira l'arrêt de mort provoqué par Aman contre tous les Juifs, obligea l'orgueilleux ministre à conduire Mardochée en triomphe dans toute la ville, et fit pendre cet instigateur à la potence destinée par lui à Mardochée.

IVe SIÈCLE DE ROME.

DEPUIS L'AN 3600 JUSQU'A L'AN 3700.

SUITE DU GOUVERNEMENT DES PONTIFES.

(*Case 9 du Tableau.*)

Favorisé d'un roi, l'an trois cent, Néhémie
Voit de Jérusalem l'enceinte rétablie.

(230.)

Quel roi permit à l'Israélite Néhémie de venir à Jérusalem, pour en relever les murs? Ce fut Artaxercès Longuemain, roi de Babylone, dont il étoit l'échanson, vers l'an 301 de Rome.

(231.)

Quels obstacles eurent à vaincre Néhémie et les Juifs, en rebâtissant les murs de Jérusalem? Les ennemis du peuple de Dieu vinrent armés, pour les surprendre dans le travail; mais Néhémie fit ranger ses gens de manière qu'il bâtissoient d'une main et combattoient de l'autre.

(232.)

En quoi particulièrement le rétablis-

sement des murs de Jérusalem est-il mémorable? En ce que plusieurs savants commencent à compter de ce temps les soixante-dix semaines d'années à la fin desquelles s'accomplit la prophétie de Daniel sur l'avénement du Messie.

Vᵉ SIÈCLE DE ROME.

DEPUIS L'AN 3700 JUSQU'A L'AN 3800.

SUITE DU GOUVERNEMENT DES PONTIFES.

(Case 10 du Tableau.)

Jaddus, en quatre cent, ou peu de temps après,
Voit Alexandre au temple, annonce ses succès.

(233.)

A quelle occasion Jaddus, pontife des Juifs, vit-il Alexandre-le-Grand dans le temple de Jérusalem, l'an 422? Ce conquérant, après avoir pris la ville de Tyr, vint à Jérusalem, et voulut visiter le temple des Juifs, où il entra avec respect.

(234.)

Comment Jaddus annonça-t-il les succès d'Alexandre? Il lui fit voir que ses victoires et ses conquêtes se trouvoient prédites dans les livres sacrés; ce qui re-

doubla la vénération d'Alexandre pour la
religion des Juifs.

___

Onias et Simon sous Lagide réduits.
Au temps d'Eléazar les saints livres traduits.

(235.)
*Par qui les Juifs, sous leurs pontifes
Onias et Simon 11, se trouvèrent-ils
asservis?* Par deux rois grecs leurs voi-
sins et anciens capitaines d'Alexandre,
dont ils s'étoient partagé l'empire après
sa mort, savoir: par Ptolémée Lagide,
roi d'Égypte, qui fit esclaves un grand
nombre de Juifs; et par Séleucus, roi de
Syrie, qui ne leur causa pas moins de
maux.

(236.)
*Quel fut le sort des Juifs sous Ptolé-
mée Philadelphe, fils de Lagide?* Ce roi
les favorisa et voulut avoir dans sa bibliothèque, la plus belle de l'antiquité, les
livres sacrés et l'histoire des Juifs.

(237.)
*Par qui, sous le pontife Eléazar, la
Bible fut-elle traduite, l'an 466?* Plusieurs assurent qu'elle fut traduite par
soixante-dix docteurs de la loi, envoyés
à Ptolémée Philadelphe par le pontife

6.

Eléazar; mais d'autres savants ont élevé des doutes sur le nombre des traducteurs.

VIᵉ SIÈCLE DE ROME.

DEPUIS L'AN 3800 JUSQU'A L'AN 3900.

FIN DU GOUVERNEMENT DES PONTIFES.

(Case 11 du Tableau.)

Manasse, Onias deux, Simon deux, vers cinq cent,
Sous qui furent les Juifs jetés aux éléphants.

(238.)

Quelle persécution les Juifs eurent-ils à souffrir sous le pontificat de Simon II fils d'Onias II, l'an 522? Ils furent condamnés à être jetés aux pieds des éléphants, dans le cirque de la ville d'Alexandrie; mais les éléphants tournèrent leur fureur contre les spectateurs.

(239.)

Quel fut le sujet de cette persécution? Ptolémée Philopator, irrité de se voir refuser l'entrée du sanctuaire des Juifs, avoit rendu contre eux un arrêt de proscription qu'il révoqua dans la suite.

Le temple est préservé par un autre Onias.
Supplanté par Jason, que chasse Ménélas.

(240.)

Comment le temple de Jérusalem fut-il préservé par Onias III, de l'avarice du roi Séleucus, l'an 568 ? Héliodore, envoyé par ce roi pour piller le temple de Jérusalem, y fut cruellement battu de verges par deux Anges, qui l'auroient tué, si le pontife Onias III n'eût intercédé pour lui.

(241.)

Par qui le pontife Onias III fut-il supplanté, l'an 578? Par son propre frère, l'impie Jason, qui, à force d'argent, obtint la dignité de grand-prêtre du roi de Syrie, Antiochus Épiphane, frère et successeur de Séleucus.

(242.)

Par qui Jason fut-il, à son tour, chassé du pontificat, l'an 581? Par Ménélaüs son confident, qui prit sa place en donnant à Antiochus une somme plus considérable d'argent, et fit mettre à mort l'ancien pontife Onias III.

Jason rentre : Epiphane arrive à main armée. Meurt avec ses sept fils la mère Machabée.

(243.)

A quelle occasion le pontife Jason rentra-t-il dans son pontificat ? Sur le bruit qui s'étoit répandu de la mort d'Antiochus Epiphane, Jason rentra à force armée à Jérusalem ; et après avoir chassé Ménélaüs, il y exerça beaucoup de cruautés.

(244.)

Que fit alors Antiochus Epiphane ? Venant à Jérusalem à la tête d'une armée pour se venger de la joie qu'on y avoit témoignée au bruit de sa mort, il fit tuer huit mille Juifs; et persécuta cruellement les autres, qui ne voulurent pas renoncer à la foi de leurs pères, ni adorer l'idole de Jupiter.

(245.)

Qu'arriva-t-il, dans cette occasion, à une femme Israélite ? Elle fut jetée du haut d'un précipice avec ses enfants attachés à son col, pour les avoir soumis à la loi de la circoncision.

(246.)

Comment Eléazar, ancien docteur de

la loi, montra-t-il aussi son attache-
ment à la religion de Moïse? Il aima
mieux subir la mort que de feindre seulement de manger de la chair défendue.

(247.)

Quelle autre action héroïque vit-on
encore dans cette persécution? Une mère
courageuse mourut elle-même avec sept
de ses enfants, dits les sept Machabées,
c'est-à-dire *vaillants*, et les encouragea,
l'un après l'autre, à une mort glorieuse.

GOUVERNEMENT DES MACHABÉES.

Le grand Matathias eut pour son successeur
Judas, son fils aîné, Machabée vainqueur,
Qui défait Nicanor.

(248.)

Que fit dans ce temps le grand-prê-
tre Matathias, qui étoit de la famille
des Machabées? Ayant tué un apostat
qui sacrifioit aux faux dieux, il se mit à
la tête des Juifs, les arma contre leurs
persécuteurs, et finit par laisser le gouvernement à ses enfants, dont les exploits
furent dignes d'une éternelle mémoire.

(249.)

Quels étoient les cinq fils de Mata-
thias? C'étoient Jean, Simon, Judas,

Eléazar et Jonathas. Judas, Jonathas et Simon eurent plus l'occasion de se distinguer, et gouvernèrent successivement.

(250.)

Quels exploits fit Judas Machabée, l'an 589? Il remporta d'éclatantes victoires sur les rois de Syrie Antiochus Epiphane et Antiochus Eupator, et avec des forces inférieures défit leurs meilleurs généraux, Apollonius et Licias.

(251.)

Quel sort éprouva le général Nicanor envoyé contre les Juifs par Démétrius, roi de Syrie? Il fut défait avec une armée de vingt-cinq mille Syriens qu'il commandoit, et ensuite il fut tué lui-même par l'armée de Judas, qui ordonna qu'en punition des blasphêmes proférés par cet impie, sa langue devînt la proie des oiseaux.

(252.)

De quelle manière finit Judas Machabée, l'an 593? Il mourut couvert de blessures et de gloire en combattant, avec huit cents hommes, contre l'armée de Bacchide, général syrien, forte de quinze mille hommes.

Jonathas vainc Bacchide ;
Puis, trahi par Triphon, meurt à Ptolémaïde.

(253.)

Que fit Jonathas, frère et successeur de Judas, et grand pontife des Juifs, l'an 597 ? Par ses victoires sur le général syrien Bacchide, qu'il contraignit à la paix, il vengea la mort de son frère Judas Machabée.

(254.)

Comment Jonathas fut-il trahi par Tryphon, l'an 610 ? Ce dernier, ministre tuteur du jeune roi de Syrie, Antiochus Bala, ayant fait alliance avec Jonathas, l'attira, sous prétexte d'amitié, à Ptolémaïde, où il le fit assassiner.

VIIe SIÈCLE DE ROME.

DEPUIS L'AN 3900 JUSQU'A L'AN 4000.

SUITE DU GOUVERNEMENT DES MACHABÉES.

(Case 12 du Tableau.)

Après six cent, Simon fit la guerre à Tryphon.
Jean Hircan successeur de son père Simon.

(255.)

Pourquoi Simon III, frère et csu-cesseur de Jonathas, fit-il la guerre à

Tryphon, *l'an* 612 ? Résolu de venger la mort de son frère Jonathas et de secouer le joug de la tyrannie que Tryphon exerçoit sur la Judée, il conquit sur lui la ville de Gaza et la citadelle de Sion.

(256.)

Que fit Démétrius Nicanor, après que Tryphon eut été tué par Simon III? Pour s'attacher ce grand-prêtre, il lui confia la souveraine puissance sur le peuple Juif, qui, à cette époque, commença à frapper monnoie aux noms de ses pontifes et de ses souverains.

(257.)

Quelle action atroce commit le juif Ptolémée, gendre de Simon III ? Il fit mourir Simon III avec ses deux fils aînés et leur mère ; mais il ne put, par ce crime, parvenir à la suprême puissance qui fut conférée à Jean Hircan, troisième fils de Simon III.

(258.)

Que fit Jean Hircan? Après avoir réduit les Iduméens et affermi son propre gouvernement, il le laissa à son fils Aristobule, qui prit le titre et la couronne de roi.

Aristobule roi verse son propre sang.
Janné, son autre frère, est encor plus tyran.

(259.)

Comment Aristobule se souilla-t-il du sang de sa famille, l'an 650 ? Sa politique cruelle le porta à faire emprisonner ses frères, et à faire mourir Antigon, celui d'entre eux qu'il avoit chéri davantage ; mais une hémorragie mortelle l'arracha lui-même à la vie.

(260.)

Qu'arriva-t-il à Janné, après la mort d'Aristobule son frère ? Pendant qu'il gémissoit dans une prison, la reine Salomé, sa belle-sœur, l'en fit sortir pour l'épouser.

(261.)

En quoi Janné fut-il plus cruel que son prédécesseur ? Il mit à mort plus de cinquante mille de ses sujets révoltés ; et dans l'espace d'un jour, il en fit crucifier huit cents au moment qu'on égorgeoit devant eux leurs femmes et leurs enfants, et que lui-même donnoit un festin à ses concubines, témoins de cet affreux spectacle.

———

7

Salomé fait pontife Hircan deux, son aîné,
Lequel par son cadet est bientôt détrôné.

(262.)

Quelles furent l'ambition et la jalousie de Salomé, veuve de Janné ? Après la mort de son mari, elle garda le sceptre pour elle, et laissa seulement le pontificat à son fils aîné Hircan II, qui ne fut roi et pontife de la Judée qu'après la mort de sa mère.

(263.)

Qu'arriva-t-il à Hircan II, l'an 665 ? Il fut détrôné par son frère puîné Aristobule, qui ne régna pas long-temps ui-même.

Hircan par Antipatre et Pompée est remis.
Son frère et ses neveux à Rome sont punis.

(264.)

Par qui Hircan II fut-il rétabli sur le trône ? Par Antipatre, seigneur d'Idumée, soutenu de Pompée, général des Romains.

(265.)

Comment son frère Aristobule et ses deux neveux Alexandre et Antigon furent-ils punis à Rome ? Pompée les y envoya prisonniers ; mais les guer-

res civiles de Rome étant survenues,
on ne pensa plus à eux et ils s'échappè-
rent.

VIII° SIÈCLE DE ROME.

DEPUIS L'AN 4000 JUSQU'A L'AN 4053.

FIN DU GOUVERNEMENT DES MACHABÉES.

(Case 13 du Tableau.)

Antigon, en sept cent de prison évadé,
Rentre à Jérusalem, de Pacorus aidé.

(266.)

Quels succès eut Antigon, fils d'A-
ristobule et neveu d'Hircan, l'an 698 ?
Aidé de Pacorus, roi des Parthes et ennemi déclaré des Romains, il triompha
dans Jérusalem, et fit couper le nez et
les oreilles au roi Hircan son oncle, pour
le rendre inhabile au pontificat.

Puis le fils d'Antipatre, Hérode d'Ascalon,
L'emporte et fait périr, par Antoine, Antigon.

(267.)

Comment Hérode l'Ascalonite ou le
Grand, fils d'Antipatre et Iduméen
d'origine, l'emporta-t-il sur Antigon,

l'an 717 ? Il obtint du fameux triumvirat de Rome le royaume d'Idumée et la proscription d'Antigon, qui eut la tête tranchée à Antioche, par l'ordre de Marc-Antoine.

(268.)

Quelle fut la conduite du roi Hérode, après être monté sur le trône l'an 724 ? D'abord il traita avec humanité le pontife Hircan, dont il avoit épousé la fille, nommée Mariane; mais au bout de cinq ou six ans il le fit mourir avec sa femme et ses enfants, sous prétexte de conspiration.

———

Sous ce règne naquit le SAUVEUR, en l'année
Sept cent cinquante-trois depuis Rome fondée.

(269.)

En quoi le règne d'Hérode sera-t-il toujours mémorable? Par la naissance de JÉSUS-CHRIST, qui vint au monde l'an sept cent cinquante-trois après la fondation de Rome, et l'an quatre mil cinquante-trois depuis la création du monde.

FIN DE L'HISTOIRE SAINTE.

LEÇONS

DE

CHRONOLOGIE

ET D'HISTOIRE.

SECONDE PARTIE.

HISTOIRE ECCLÉSIASTIQUE,

OU

FAITS RELIGIEUX MÉMORABLES ARRIVÉS DANS LES
QUATRE PREMIERS SIÉCLES DE L'ÉGLISE, ET
JUSQU'AU TEMPS DE LA CONVERSION
DE CLOVIS I, L'AN 496.

1er SIÈCLE APRÈS JÉSUS-CHRIST.

DEPUIS L'AN I JUSQU'A L'AN IOI.

(Case 14 du Tableau.)

Jésus-Christ sur saint Pierre établit son Eglise,
En abrogeant les lois et les rits de Moïse.

(1.)

QUEL lieu le Sauveur du monde
choisit-il pour sa naissance ? Il voulut
naître dans une étable à Bethléem , où la
Vierge et Joseph son époux étoient allés

se faire inscrire, pour obéir à la loi du dénombrement ordonné par Auguste.

(2.)

Qu'arriva-t-il aussitôt après sa naissance ? Des Anges l'annoncèrent aux bergers, et une étoile apparut en Orient, qui conduisit vers Bethléem trois *mages* ou rois.

(3.)

En quel état étoit l'Eglise judaïque, quand J.-C. vint au monde ? Elle étoit assujettie aux cérémonies de la loi de Moïse, et divisée par trois sectes principales.

(4.)

Quelles étoient ces trois sectes ? 1° Celle des *Pharisiens,* qui affectoient une vie austère, mais pleine d'orgueil; 2° celle des *Saducéens,* qui croyoient l'âme mortelle; 3° celles des *Esséliéens,* qui professoient une régularité superstitieuse.

(5.)

Quels sont les premiers mystères de la vie du Sauveur Jésus-Christ ? Sa *circoncision* huit jours après sa naissance; son *épiphanie* ou sa manifestation, dans laquelle il fut adoré des trois mages; sa *présentation* au temple, où se trouvèrent

le vieillard Siméon, Anne la prophétesse, Zacharie et Elisabeth, qui avoient
conservé la pureté de la religion.

(6.)

*A quelle année peut-on rapporter le
massacre des Innocents, ou des enfants
de deux ans et au-dessous?* Ce massacre
dans lequel Hérode l'Ascalonite vouloit
envelopper le Messie nouvellement né,
fut exécuté à Bethléem dans la seconde
année de Jésus-Christ.

(7.)

*Comment Jésus-Christ échappa-t-il à
ce massacre?* Joseph, son père, averti
par un Ange, se retira avec la mère et
l'enfant en Egypte, d'où il ne revint
qu'après la mort du tyran Hérode.

(8.)

*Dans quel pays Joseph et sa famille
se retirèrent-ils, après leur retour d'E-
gypte?* À Nazareth, d'où ils alloient tous
les ans à Jérusalem pour célébrer la Pâque.

(9.)

*Qu'arriva-t-il à Joseph et à Marie,
quand ils eurent conduit à Jérusalem
leur fils, âgé de douze ans?* Après l'a-

voir cherché inutilement pendant trois jours, ils le trouvèrent dans le temple, où il interrogeoit les docteurs étonnés de sa sagesse.

(10.)

Comment Jésus passa-t-il sa vie jusqu'à l'âge d'environ trente ans? Dans l'obscurité, où soumis à ses parents, il gagnoit sa vie avec eux.

(11.)

Pourquoi, vers sa vingt-neuvième année, saint Jean-Baptiste, fils de Zacharie et d'Elisabeth, sœur de Marie, sortit-il de sa retraite dans le désert? Pour prêcher la pénitence aux Juifs sur les bords du Jourdain, où il en baptisa un grand nombre en leur annonçant Jésus-Christ dont il étoit le précurseur.

(12.)

Quel prodige arriva-t-il lorsque le Sauveur, à l'âge de trente ans, voulut être baptisé par saint Jean-Baptiste? Comme il alloit sortir de l'eau, le Saint-Esprit descendit sur lui en forme de colombe, et on entendit une voix divine qui dit : « Voici mon fils bien-aimé, en qui j'ai mis toute mon affection; écoutez-le.

(13.)

Comment le Sauveur passa-t-il son temps dans le désert ? Il y jeûna pendant quarante jours, et il y fut tenté par le démon.

(14.)

Que fait J.-C. à l'âge de trente ans, et après être sorti du désert ? Il appelle ses douze apôtres, il change l'eau en vin aux noces de Cana, prêche la charité, l'humilité, la douceur, et fait des miracles à Capharnaum.

(15.)

Quelles marques d'amitié J.-C. donnoit-il aux enfants ? Il les rassembloit souvent autour de lui ; et comme ils n'étoient ni menteurs, ni méchants, il proposoit pour modèle leur innocence.

(16.)

Quelle reponse fit J.-C. à ceux qui le questionnoient malignement pour savoir si l'on doit payer le tribut à César ? Il demanda une pièce de monnoie : « De qui est cette image ? » dit-il ; on lui répond : « De César. » — « Eh bien, dit J.-C., rendez à César ce qui est à César, et à Dieu ce qui est à Dieu. »

(17.)

Que fit J.-C. quand on lui amena une femme qui méritoit d'être lapidée? « Que celui d'entre vous, répond Jésus, qui est sans péché, lui jette la première pierre. »

(18.)

Que fait J.-C. à l'âge de trente-un ans? Il guérit à Jérusalem un homme paralytique depuis vingt-huit ans, prononce son sermon sur la montagne, guérit le serviteur d'un centurion, ressuscite le fils de la veuve de Naïm, expose ses paraboles, envoie ses disciples prêcher, et loue saint Jean décapité par Hérode.

(19.)

Que fait J.-C. à l'âge de trente-deux ans? Il fait au désert le miracle de la multiplication des cinq pains, apaise la tempête sur le lac de Génézareth, désigne saint Pierre pour chef de l'Eglise, et guérit l'aveugle-né.

(20.)

Que fait J.-C. à l'âge de trente-trois ans? Il ressuscite Lazare, mort depuis quatre jours; il appelle Zachée qui abandonne tout pour le suivre; il mange chez Simon le Pharisien, où il accueille la

Madeleine pénitente, et fait enfin son entrée triomphante dans Jérusalem, où le peuple le suit en foule avec des branches d'olivier.

(21.)

Que fit J.-C. pour précautionner ses apôtres contre le scandale apparent de ses humiliations prochaines ? Il voulut paroître dans un état glorieux sur le sommet d'une montagne, après y avoir conduit Pierre, Jacques et Jean. Son visage étoit brillant comme le soleil, ses vêtements blancs comme la neige ; Moïse et Élie étoient à ses côtés, et ils s'entretenoient avec lui.

(22.)

Comment finit la vie de J.-C.? Par l'institution de l'Eucharistie et par l'excès infini des douleurs de sa passion et de sa mort sur la croix.

(23.)

Quels signes aperçut-on dans la nature, à la mort du Sauveur? Le ciel s'obscurcit, la terre trembla, le voile du temple se déchira, les tombeaux s'ouvrirent, les morts ressuscitèrent.

(24.)

Étant ressuscité trois jours après sa

mort, à qui apparut-il ? A ses disciples, et surtout aux apôtres, avec qui il s'entretint plusieurs fois pendant les quarante jours qui précédèrent celui de son ascension glorieuse dans le ciel.

(25.)

Quel événement mémorable arriva-t-il dix jours après l'ascension ? La descente du Saint-Esprit le jour de la Pentecôte, qu'on peut appeler la fin de la Synagogue et le commencement de l'Eglise nouvelle dirigée par le premier des apôtres, saint Pierre, que J.-C. avoit laissé pour le représenter sur la terre.

(26.)

Qu'arriva-t-il de remarquable avant que saint Pierre vînt à Rome ? La prédication et les miracles des apôtres, la conversion de saint Paul, après que saint Etienne eut donné sa vie pour J.-C.

(27.)

Quels établissements eurent lieu à cette même époque ? L'établissement de l'église de Jérusalem sous saint Jacques-le-Mineur, qui en fut le premier évêque ; et de l'église d'Antioche par saint Pierre, après qu'il y eut converti beaucoup de Juifs et de Gentils.

(28.)

Par qui furent alors écrits les saints Evangiles ? Le premier le fut par saint Matthieu, l'an quarante ; le second par saint Marc, disciple de saint Pierre, vers l'an quarante-trois ; le troisième par saint Luc , médecin d'Antioche, vers l'an quarante sept; et le quatrième par saint Jean l'Evangéliste , l'an quatre-vingt-dix-sept.

(29.)

Pourquoi représente-t-on l'évangéliste saint Matthieu ayant auprès de lui un homme ? Parce que *l'humanité* du Fils de Dieu a été le principal objet de ses écrits, et qu'il s'est attaché particulièrement à nous donner les règles de vie et les instructions morales les plus conformes à nos besoins.

(3o.)

Par quel motif a-t-on attribué le lion à l'évangéliste saint Marc ? Parce que cet évangéliste nous marque avec plus de détails la *royauté* de J.-C., désignée sous l'image d'un lion dans la vision d'Ezéchiel.

(31.)

Pourquoi voit-on un bœuf dans le ta-
8

bleau où saint Luc est représenté? Parce que cet évangéliste s'est attaché à parler du *sacerdoce* de J.-C., indiqué sous l'emblème du bœuf dans la vision d'Ezéchiel : le bœuf est l'image du sacerdoce, parce que c'est l'animal qu'on immoloit le plus souvent dans les anciens sacrifices.

(32.)

Pourquoi l'évangéliste saint Jean est-il peint ayant à ses côtés un aigle, l'un des quatre animaux de la vision d'Ezéchiel? C'est parce que saint Jean, par ses écrits, s'élève comme un aigle au-dessus des nues, et va découvrir jusque dans le sein du Père la *divinité* du Verbe de Dieu égal au Père.

(33.)

Lequel des apôtres reçut le premier la couronne du martyr? Saint Jacques-le-Mineur, fils de Zébédée et frère de Saint Jean, il eut la tête tranchée, l'an quarante-quatre, sous Hérode Agrippa, fils d'Aristobule et petit-fils d'Hérode l'Ascalonite.

(34.)

Que fit ce prince pour plaire aux juifs ? Lors de son avénement à la couronne, il fit emprisonner saint Pierre, qui fut délivré miraculeusement par un Ange.

(35.)

Où vint saint Pierre ayant quitté Antioche, l'an 43 ? A Rome, la capitale du monde, où il établit, en l'an quarante-quatre, son siège épiscopal, pour être le centre de la religion, et où les papes évêques de Rome, lui ont succédé jusqu'à nos jours, par une suite non interrompue de pasteurs.

(36.)

Que fit saint Marc, sorti de Rome sous le pontificat de saint Pierre? Il vint en Egypte, où il fonda le siège épiscopal d'Alexandrie.

(37.)

Quels écrits des apôtres parurent dans ce temps? Saint Pierre et saint Paul écrivirent la plupart de leurs épîtres vers l'an cinquante, que se tint aussi le concile des apôtres à Jérusalem.

(38.)

Qu'arriva-t-il à la suite de ces écrits et de ces conciles? La circoncision et les autres cérémonies légales furent abrogées l'an cinquante-trois, où, selon d'autres, l'an cinquante-neuf.

(39.)

*Que fit particulièrement saint Paul,
vers l'an 53?* Après avoir converti dans
Athènes saint Denis l'Aréopagite, il vint
à Jérusalem, où il arriva le jour de la
Pentecôte.

(40.)

Que fit saint Paul à Jérusalem? Conduit devant le gouverneur Félix, il y
plaida sa cause en présence du jeune roi
Hérode Agrippa, et de son épouse Béré-
nice.

(41.)

*Quelles furent les occupations de
saint Paul, après qu'il fut passé en Italie, et qu'il eut fait naufrage près de
Malte?* Il séjourna deux ans à Rome, y
écrivit ses autres épitres, et ensuite il alla
prêcher l'Evangile dans les Gaules et en
Espagne.

(42.)

*Qu'arriva-t-il de remarquable en
l'an 59?* La mort de la sainte Vierge et
son assomption glorieuse au ciel, quoique
d'autres écrivains placent cette mort vers
l'an cinquante trois.

(43.)

Quels autres évènemens signalèrent

cette même année 59 ? Saint Luc écrivit les Actes des Apôtres ; Saint André souffrit le martyre en Grèce, saint Thomas aux Indes, saint Simon et Saint Jude Thadée en Perse.

(44.)

Qu'arriva-t-il à Rome de ce temps ? L'empereur Néron, imputant aux chrétiens l'incendie de la ville de Rome, qu'il avoit lui-même ordonné, et étant irrité d'ailleurs de la mort de Simon le magicien, confondu par les deux apôtres, suscita la première persécution contre les Chrétiens.

(45.)

Quelle fut, dans cette persécution, la fin des apôtres saint Pierre et saint Paul ? Néron fit crucifier saint Pierre la tête en bas, au mont Vatican, et trancher la tête à saint Paul sur la place des Fontaines, dites *Aquæ salviæ.*

———

Succèdent à saint Pierre immédiatement
Son disciple saint Lin, saint Clet et saint Clément.

(46.)

Qui succéda immédiatement à saint Pierre dans l'épiscopat de Rome ? Saint Lin, toscan, son disciple, qui prit le gouvernement de l'Eglise universelle vers le temps où saint Ignace, martyrisé depuis sous Vespasien, gouvernoit l'Eglise d'Antioche.

(47.)

Qu'arriva-t-il à Jérusalem sous le pontificat de saint Lin, l'an 70 ? Titus après un siège des plus mémorables, prit cette ville, y fit mettre le feu de tous côtés, et, dès qu'il eut fait abattre ce qui restoit du temple, il y fit passer la charrue.

(48.)

Quel pontife succéda à saint Lin ? Saint Clet ou Anaclet, qui mourut sous l'empereur Domitien, dans la seconde persécution contre les Chrétiens.

(49.)

Qui fut le successeur de saint Clet ? Saint Clément, romain, qui institua les notaires apostoliques, chargés d'écrire les faits ou actes des martyrs.

(50.)

Quel fut, dans cette seconde persécution, le sort de l'apôtre saint Jean l'Evangéliste ? Ce disciple bien - aimé du Sauveur, étant sorti sans aucun mal d'une chaudière d'huile bouillante où il

avoit été jeté, fut relégué dans l'île de
Pathmos.

(51.)

*A quoi s'occupa saint Jean dans cette
île ?* A écrire son Apocalypse; et au bout
de deux ans étant rappelé, il vint à Ephèse, où l'on croit qu'après avoir composé
son évangile, il mourut âgé d'environ
cent ans.

(52.)

*Quel précepte répétoit toujours saint
Jean dans son extrême vieillesse ?* Hors
d'état de faire de longs discours aux Fidèles,
il leur répétoit sans cesse le précepte de la
charité chrétienne par ces paroles : « Mes
petits enfants, aimez-vous les uns les autres. »

(53.)

*Que disoit saint Jean à ses disciples,
qui sembloient quelquefois ennuyés de
s'entendre dire la même chose ?* « Mes
amis, disoit-il, c'est le précepte du Seigneur, et si vous le gardez, il vous suffit
pour être sauvés.»

(54.)

*Pourquoi, sous le pontifical de saint
Clément, se ralluma une troisième persécution contre les Chrétiens ?* C'est que

Trajan, prince humain et doux comme
Nerva son prédécesseur, craignit que la
religion nouvelle n'apportât du trouble
dans l'empire.

(55.)

*Comment finit saint Clément, après
avoir été relégué dans la Chersonnèse ?*
Il fut jeté, avec une pierre au col, dans
le Pont-Euxin, où son corps fut miraculeusement découvert depuis par les Chrétiens.

Séparés d'eux, Cérinthe, Ebion, Saturnin,
Nicolas, Basilide, étendent leur venin.

(56.)

*Qu'enseignoient dans ce temps les
hérésiarques Cérinthius et Ebion ?* Ils
nioient la divinité de Jésus-Christ et la
résurrection des morts, et vouloient conserver dans le christianisme les cérémonies de la loi judaïque, en célébrant éga-
lement le samedi et le dimanche.

(57.)

*Nicolas fut-il réellement l'un des
chefs des Nicolaïtes, qui souffroient la
pluralité des femmes et d'autres impudicités ?* Le fait est incertain ; et il semble
que les Nicolaïtes se soient appuyés gra-

tuitement de l'autorité de Nicolas, l'un des sept premiers diacres de l'Église.

(58.)

Qu'enseignoient Saturnin et Basilide? Disciples tous les deux de Simon le magicien, qui avoit voulu acheter de saint Pierre le don des miracles, ils disoient que Jésus-Christ étoit un ange transformé en homme, et rejetoient l'ancien Testament.

IIe SIÈCLE APRÈS JÉSUS-CHRIST.

DEPUIS L'AN 101 JUSQU'A L'AN 201.

(*Case 15 du Tableau.*)

L'Eglise admet le chant, prend ses cérémonies. Justin, sous Antonin, fait deux apologies.

(59.)

Quelle fut la première église où l'on admit d'abord l'usage de chanter les psaumes? On croit qu'au temps du pape Anaclet on commença à les chanter à deux chœurs alternativement, dans l'église d'Antioche, où saint Ignace, qui en étoit évêque, crut les avoir entendu chanter de la sorte par les Anges.

(60.)

Quelles cérémonies adopta aussi l'E-glise dans ce temps ? Celles pour la célébration de l'office divin, et en particulier, comme on le croit, l'usage de faire communier les fidèles à chaque messe où ils assistoient.

(61.)

Quels autres usages de l'Eglise furent confirmés par le pape saint Alexandre ? Celui de faire l'eau bénite, et celui de mêler l'eau avec le vin à la messe.

(62.)

Qui traduisit la Bible en grec, sous le pape saint Sixte, l'an 130 ? Aquila, de Sinope, qui, par son attachement opiniâtre aux rêveries de l'astrologie judiciaire, fut ensuite chassé de l'Eglise, et passa à la religion des Juifs.

(63.)

Qui étoit saint Justin ? Un philosophe platonicien, né en Palestine, et converti à la foi de Jésus-Christ par les persécutions qu'il voyoit souffrir aux Chrétiens.

(64.)

Que fit saint Justin vers l'an 140 ? Il présenta à l'empereur Antonin la première de ses deux apologies en faveur des Chrétiens.

(65.)

Que contenoient les apologies de saint Justin ? Une justification de la conduite des Chrétiens, et une réfutation des calomnies qu'on leur imputoit.

(66.)

Quelle affaire importante fut traitée sous le pape saint Anicet ? Saint Polycarpe vint à Rome pour conférer avec lui sur le jour qu'on devoit célébrer la Pâque; mais, quoiqu'ils ne pussent pas s'accorder, la charité n'en fut point altérée.

(67.)

Comment l'empereur Antonin, qui paroissoit adouci à l'égard des Chrétiens, recommença-t-il sa persécution contre eux ? A l'occasion des troubles excités dans l'église par plusieurs hérétiques, sous le nom des fidèles.

Polycarpe et Gervais souffrirent vers le temps
Où le soldat Chrétien vainquit les Marcomans.

(68.)

Quels furent les martyrs les plus célèbres dans cette persécution, outre saint

Justin? Ce furent saint Polycarpe, évêque de Smyrne, saint Gervais et saint Protais, et le pape saint Anicet.

(69.)

Qui étoit saint Polycarpe? Un évêque de Smyrne, disciple de saint Jean l'Evangéliste, et qui, comme lui, vécut jusque dans un âge fort avancé.

(70.)

Quel étoit son zèle pour la pureté de la foi? Il étoit si ardent que, lorsqu'il entendoit proférer quelque erreur, il s'enfuyoit en criant : « Ah! grand Dieu, à quel temps m'avez-vous réservé? »

(71.)

Qui étoient saint Gervais et saint Protais? On ignore l'histoire et les circonstances de leur vie et de leur martyre; mais on sait que leurs corps furent trouvés à Milan, en 386, par saint Ambroise, lorsqu'il se disposait à y dédier la grande église, connue sous le nom de Basilique ambroisienne.

(72.)

Comment la troisième persécution fut-elle interrompue? Par les succès qu'obtint la légion des soldats chrétiens, nommée depuis *Légion foudroyante*, à cause de la victoire inattendue qu'elle remporta sur les Marcomans, du temps de l'empereur Marc-Aurèle.

———

Sous le pape Eleuthère, en Bretagne est la foi.
De Pâques aux Chrétiens Victor fixe la loi.

(73.)

Quels progrès fit le christianisme sous le pape Eleuthère, l'an 177 ? Lucius, roi de la Grande-Bretagne, envoya à Rome une ambassade pour demander un missionnaire qui enseignât la religion chrétienne dans ses états, où elle s'étendit, selon Tertullien, en des lieux qui n'avoient pas encore été atteints par la domination romaine.

(74.)

Quelle mesure tenta, en 192, le pape Victor pour faire cesser la contestation élevée sur le jour où l'on devoit célébrer la fête de Pâques ? Il voulut excommunier les Orientaux, qui la célébroient à la manière des Juifs, le quatorzième jour de la lune de mars ; mais saint Irénée, évêque de Lyon et disciple de saint Polycarpe, détourna Victor de ce dessein.

(75.)

Où cette affaire fut-elle terminée ?

9

Dans six conciles tenus à ce sujet, et par lesquels la fête de Pâques fut fixée au dimanche qui suit immédiatement le quatorzième jour de la lune de mars.

Carpocrat, Valentin, obstinés hérétiques,
Sont bientôt secondés par d'infâmes Gnostiques.

(76.)

Qu'enseignoit Carpocrat, disciple de Saturnin? Il soutenoit que Jésus-Christ n'étoit que le fils de Joseph, et qu'il n'existoit dans le monde que d'après l'opinion des hommes.

(77.)

Qu'enseignoit Valentin? Plusieurs erreurs sur la personne et la naissance de Jésus-Christ; et il ajoutoit que notre âme seule opéroit le salut, sans que le corps y eût part.

(78.)

En quoi Carpocrat et Valentin furent-ils bientôt secondés des Gnostiques? En ce que ceux-ci, se disant leurs disciples, s'abandonnèrent à toutes sortes d'impudicités.

Cerdon et Marcion précédèrent Montan.
L'Adamite est au temps du Quartodéciman.

(79.)

Quelle étoit l'hérésie de Cerdon ? Il admettoit deux principes, l'un bon et créateur du ciel, l'autre mauvais et créateur de la terre : cette hérésie, fut, dans la suite, la source de celle des Manichéens.

(80.)

Qu'enseignoit Marcion, disciple de Cerdon ? Il admettoit comme lui deux principes, et ajoutoit d'autres rêveries à celles de son maître.

(81.)

Quels furent, entre autres, les principes exagérés des disciples de Marcion ? Ils avoient une si haute idée de la noblesse de leur âme, qu'ils étoient pénétrés de douleur toutes les fois qu'ils avoient besoin de nourrir le corps ; ils cherchoient la mort, et couroient au martyre pour voir la fin de leur avilissement.

(82.)

Qu'enseignoit l'hérétique Montan, l'an 166 ? Il se disoit le Paraclet ou le Saint-Esprit ; et, affectant d'extrêmes austérités pour n'être pas confondu avec les Gnostiques, il se faisoit suivre de deux femmes riches, Priscille et Maximille, qui faisoient les prophétesses.

(83.)

Comment se nommoient ses disciples ? Ils se nommoient Montanistes, et aussi Cataphrygiens, parce que Montan étoit Phrygien d'origine.

(84.)

Qu'enseignoient les Adamites, dont le chef fut Prodicus, l'an 192? Qu'il ne falloit se couvrir d'aucun vêtement, du moins dans la prière, pour rappeler, disoient-ils, l'innocence d'Adam.

(85.)

Qui étoient les Quartodécimans ? C'étoient des hérétiques qui s'obstinoient à croire qu'il falloit célébrer Pâques le quatorzième jour de la lune de mars, selon l'usage des Juifs.

IIIᵉ SIÈCLE APRES JÉSUS-CHRIST.

DEPUIS L'AN 201 JUSQU'A L'AN 301.

(*Case 16 du Tableau.*)

Zéphyrin abolit les calices de bois.
Ulpien, Celse, ennemis du Christ et de ses lois.

(86.)

Quelle constitution fit le pape Zé-phyrin? Il abolit l'usage des calices de bois, pour les remplacer par ceux de métal ; au reste, quelques-unes des constitutions de ce temps sont révoquées en doute par les savants.

(87.)

Qui étoit Ulpien? Un jurisconsulte artificieux, disciple de Papinien, et qui, par ses conseils, porta l'empereur Alexandre Sévère à persécuter les Chrétiens contre sa propre inclination.

(88.)

Quel fut le caractère de Celse, philosophe épicurien? Celse fut grand ennemi des Chrétiens, et publia contre eux un libelle plein de mensonges, sous le titre fastueux de *Discours de vérité.*

9.

(89.)

Quel auteur illustre réfuta la doctrine du philosophe Celse ? Ce fut Origène, qui, à la sollicitation de saint Ambroise son ami, publia une apologie remplie de preuves solides, et la mieux écrite de toutes celles que l'antiquité nous a laissées.

Origène tomba depuis Tertullien.
L'Afrique contre Rome étoit pour Cyprien.

(90.)

Qui étoit Tertullien ? Un prêtre de Carthage, qui passa à Rome durant la persécution de l'empereur Sévère, et y défendit la religion chrétienne avec une éloquence et une érudilon rares.

(91.)

Que disoit Tertullien pour prouver l'injustice des Gentils à l'égard des Chrétiens ? « Si le Tibre inonde les terres, disoit-il, et si le Nil ne les fertilise point, on crie : *Livrez les Chrétiens aux lions ;* on veut que nous soyons la cause de tous les malheurs : comme si, avant la venue de Jésus-Christ, il n'étoit pas arrivé de semblables calamités ! »

(92.)

Dans quelles erreurs tomba Tertul-

*lien, après avoir si bien défendu l'E-
glise par ses écrits?* Il suivit l'erreur des
Montanistes, qui ne vouloient point qu'on
admît deux fois à la pénitence; et, l'an
215, il fut excommunié avec eux par le
pape Zéphyrin.

(93.)

Qui fut Origène, surnommé Ada-
mantinus *(de fer dur) à cause de son
grand travail?* Né à Alexandrie de parents chrétiens, vers l'an 185, il eut la
gloire, dès qu'il fut parvenu à l'âge de
dix-huit ans, de compter au nombre de
ses disciples tout ce qu'il y avoit de savants parmi les Chrétiens, et de philo-
sophes parmi les païens.

(94.)

*Qu'arriva-t-il à Origène dans la
septième persécution sous Décius, l'an
240?* Les ennemis de ce savant père de
l'Eglise soutinrent qu'il avoit présenté de
l'encens aux idoles, pour se soustraire à
d'indignes traitements.

(95.)

Qui fut saint Cyprien, l'an 246? Né
à Carthage d'une famille illustre, et converti à la foi par les soins du prêtre
Cécile, il vendit ses biens pour en distri-

buer le prix aux pauvres, se livra à l'étude de la philosophie chrétienne, et, malgré sa répugnance, il occupa la chaire de Carthage.

(96.)

Quel sentiment l'Eglise d'Afrique, sous saint Cyprien, opposoit-elle à l'Eglise de Rome, l'an 252 ? Les Africains disoient que le baptême des hérétiques étant nul, devoit être réitéré; mais Rome, le regardant comme valide, condamna, sous le nom de *rebaptisants*, ceux qui soutenoient le contraire.

———

Lorsque souffre Denis, l'hermite se retire.
Sous Dioclétien fut l'ère du Martyre.

(97.)

Quand saint-Denis souffrit-il le martyre ? Il est sûr que saint Denis, évêque de Paris, autre que l'Aréopagite, fut martyrisé avec ses compagnons dans la persécution de Décius, vers l'an 255; mais on rejette l'opinion populaire que ce saint décapité ait porté sa tête entre ses mains.

(98.)

Quel hermite se retira vers ce temps, et donna le premier exemple de la vie solitaire? L'hermite saint Paul, qui, à l'occasion de la persécution arrivée en l'an 250, se réfugia au fond d'un désert, où il goûta, pendant quatre-vingt-dix ans, le plaisir de la contemplation, et où, dans la suite, il eut pour disciple saint Antoine.

(99.)

Comment le règne de Dioclétien fut-il l'ère des martyrs? La persécution que cet empereur excita contre les Chrétiens fut si violente, qu'elle fut dans l'Eglise une époque appelée l'*ère de Dioclétien*, ou *des martyrs.*

———

Novatien, Novat, sont tous deux schismatiques...
Manès, Sabellius et Paul sont hérétiques.

(100.)

Que fit Novatien, philosophe païen, et ensuite prêtre chrétien? Plein d'ambition, il porta ses vues sur le siège de Rome, et il crut pouvoir l'obtenir par une supercherie.

(101.)

Par quels moyens se fit-il nommer évêque de Rome, au préjudice de saint Corneille élu déjà canoniquement? Par les intrigues de Novat, prêtre africain, son confident, qui, ayant assemblé trois évêques simples et ignorants, les fit boire avec excès, et les obligea d'ordonner Novatien évêque de Rome.

(102.)

Quel schisme produisit la nomination irrégulière de ce faux pape et premier anti-pape, l'an 250 ? Novatien et son disciple Novat commencèrent à soutenir, contre l'opinion de l'Eglise, qu'elle n'avoit le pouvoir d'absoudre les péchés qu'une seule fois, et soutinrent d'autres erreurs.

(103.)

Quel fut Manès ? Chef des Manichéens, en suivant la doctrine de Cerdon et de Marcion, il admit deux principes : l'un bon, qui faisoit tout le bien ; l'autre mauvais, qui faisoit tout le mal. Il se disoit le Saint-Esprit, et il ajoutoit d'autres extravagances.

(104.)

Qui étoit Sabellius ? Cet hérétique confondoit les personnes de la Trinité, en disant qu'elles ne devoient être regardées que comme trois opérations différentes de la même divinité.

(105.)

Quelles erreurs soutint Paul de Sa-mosate ? Ce disciple de Sabellius et évê-que d'Antioche nioit la divinité de Jésus-Christ, qu'il regardoit comme un simple mortel.

IVe SIÈCLE APRÈS JÉSUS-CHRIST.

DEPUIS L'AN 301 JUSQU'A L'AN 401.

(*Case* 17 *du Tableau.*)

Arnobe est chrétien, son disciple est Lactance.
Saint Marcel est martyr sous le tyran Maxence.

(106.)

Qui étoit Arnobe ? Un célèbre avocat et rhéteur qui se convertit à la foi chré-tienne, et eut pour disciple Lactance.

(107.)

. Quelle distinction obtint Lactance, à cause de sa vertu et de son mérite ? Ce défenseur de l'Eglise se rendit si fameux, que l'empereur Constantin lui confia l'é-ducation de son fils Crispe.

(108.)

Quel fut Maxence ? Ce tyran fit mou-rir le pape saint Marcel, et persécuta cruellement tous les Chrétiens, qu'il soupçonnoit être du parti de Constantin, son rival à l'empire.

Constantin converti ; l'Eglise est relevée ; L'indiction l'an douze ; un concile à Nicée.

(109.)

A quelle occasion Constantin fut-il converti ? Au moment où il combattoit contre Maxence, il vit dans les airs le signe de la croix avec cette inscription : « *In hoc signo vinces,* « tu vaincras sous cette enseigne » ; et il remporta en effet une victoire complète sur son ennemi.

(110.)

Comment l'Eglise, jusque-là persécutée, fut-elle relevée par Constantin, l'an 312 ? Cet empereur permit aux Chrétiens de professer publiquement leur religion, et de bâtir des temples. Il donna même au pape le palais impérial de Latran.

(111.)

Qu'entend-on par l'indiction ? L'indiction, qui commença vers l'an douze de ce siècle, est une période de quinze années fameuse parmi les chronologistes, quoiqu'elle ne soit que de convention.

(112.)

Quel concile fut tenu à Nicée en Bithynie? Ce fut le premier des conciles œcuméniques ou généraux. Il eut lieu, en 325, sous le pontificat de saint Silvestre, en présence du grand Constantin, et de trois cent dix-huit évêques assemblés pour condamner l'hérésie d'Arius qui nioit la divinité de Jésus-Christ.

Athanase le grand, partout inquiété.
Sous Valens, arien, gémit la vérité.

(113.)

Par qui particulièrement saint Athanase, évêque d'Alexandrie, fut-il inquiété? Par les Ariens, dont il étoit le fléau, et qui, l'ayant calomnié partout, réussirent à le faire exiler, par l'empereur Constance, à Trèves, où il dressa un *Credo* sous le nom de symbole.

(114.)

Jusqu'où se porta l'opiniâtreté de l'empereur Valens, arien? Jusqu'à résister à l'évidence des miracles, dont l'un fut la mort subite de son fils, qu'il venoit de faire baptiser par un Arien; l'autre, la rupture réitérée de l'instrument qu'il tenoit en main pour signer un arrêt contre saint Basile.

———

Saint Jérôme en ce temps. Un concile à Byzance. De Sirice, Rufin surprend la vigilance.

(115.)

Contre qui fut assemblé le concile de Byzance, l'an 381? Il fut assemblé à Constantinople, autrement dite Byzance, par ordre de l'empereur Théodose, et sous le pape saint Damase, pour condamner l'évêque de cette ville, Macédonius.

(116.)

A quoi fut employé saint Jérôme par le pape saint Damase, qui aimoit les gens de lettres? A traduire la Bible en langue dalmatique; comme Ulphilas, évêque des Goths, et inventeur des lettres gothiques, la traduisit aussi en sa langue.

(117.)

Comment se montra le pape Sirice? On assure qu'il vit d'un œil jaloux la réputation de saint Jérôme, et que, pour ce motif, il ménagea trop le prêtre Rufin, grand adversaire de ce saint.

(118.)

Comment ce Rufin surprit-il la vigilance du pape Sirice? Etant imbu des erreurs d'Origène, il les répandit au loin à l'insu du pape Sirice, et par l'entremise de Mélanie, sa dévote confidente.

Donat s'égare; an six, Mélece et Arius,
Photin, Priscillien et Macédonius.

(119.)

Qui étoit Donat ? Un évêque intrus de Carthage, dont les disciples, appelés Donatistes, désolèrent l'Eglise d'Afrique pendant près de deux siècles, et faisoient jurer leurs novices au nom de Donat, comme s'il eût été une divinité.

(120.)

Quelle étoit la doctrine des Donatistes? Ils soutenoient que la véritable croyance avoit péri partout, excepté dans le parti dont eux étoient les chefs en Afrique, et regardoient toutes les autres Eglises comme prostituées, ou dans l'erreur.

(121.)

Qui étoit Mélece? Un évêque de Lycopolis en Egypte, qui fut déposé vers l'an 307, pour avoir sacrifié aux idoles pendant la persécution; mais ses disciples, opposés d'abord aux Ariens, s'unirent ensuite à eux pour persécuter saint Athanase.

(122.)

Qui étoit Arius ? Un prêtre d'Alexandrie, qui nioit la *consubstantialité*, c'est-à-dire que les trois personnes de la Trinité fussent d'une même substance ou nature.

(123.)

Quel moyen employa Arius pour répandre sa doctrine parmi le peuple ? Il la mit en cantiques; ce qu'Apollinaire continua de faire après lui avec un égal succès.

(124.)

Quelle hérésie renouvela Photin, évéque de Sirmich en Illyrie ? Celle d'Arius, déjà condamnée, l'an 325, par le concile de Nicée, et ensuite par les conciles de Tyr et de Sardique, en Illyrie.

(125.)

Qui étoit Priscillien ? Ce sophiste espagnol fit un corps de doctrine qui réunissoit les hérésies d'Arius, des Gnostiques et des Manichéens.

(126.)

Qui fut Macédonius ? Ce fut un pa-

triarche de Constantinople, qui, vers l'an
360, fut déposé dans un concile de cette
ville, pour avoir nié la divinité du Saint-
Esprit, comme Arius avoit nié celle de
Jésus-Christ.

(127.)

*Comment se répandit l'erreur des
Macédoniens?* Par le moyen d'un certain Marathon, homme riche, et autre-
fois trésorier, qui, après avoir embrassé
l'opinion des Macédoniens, fit, par son
or, plus d'hérétiques que n'en avoient
fait jusqu'alors les arguments des sec-
taires.

Ve SIÈCLE APRÈS JÉSUS-CHRIST.

DEPUIS L'AN 401 JUSQU'À LA CONVERSION DE CLOVIS,
L'AN 496.

Les rescrits d'Innocent, les veilles abolies,
Et les communautés de l'Eglise établies.

(128.)

*Qu'entend-on par les rescrits d'Inno-
cent I?* Un recueil de ses lettres concer-
nant la discipline de l'Eglise, et faisant
partie du droit canonique.

10.

(129.)

Que fut saint Jean Chrysostôme ? Un patriarche de Constantinople dont l'éloquence fut célèbre, et dont le nom, en grec, signifie *bouche d'or.*

(130.)

Quelle observation fut faite à saint Jean Chrysostôme par une femme du peuple ? Au sortir d'un de ses sermons, une femme lui dit : « Mon père, nous autres pauvres d'esprit, nous ne vous comprenons pas. » D'après cet avis, le saint prélat redoubla d'efforts pour se mettre, par ses discours, à la portée des gens peu instruits.

(131.)

Pourquoi saint Jean Chrysostôme fut-il renvoyé de Constantinople, pour finir ses jours en exil ? C'est parce qu'il avoit déplu par ses remontrances, à l'impératrice Eudoxie et à plusieurs grands de la cour.

(132.)

Pourquoi les veilles furent-elles abolies ? Les veilles, ou la coutume de veiller au tombeau des martyrs, furent abolies à cause des abus qui en étoient la suite.

(133.)

Que substitua l'Eglise à ces veilles?
Les jours de jeûne, qui ont retenu le nom
de *veilles* ou *vigiles;* et les prières ap-
pelées depuis *Rogations.*

(134.)

*Quelles furent les communautés éta-
blies dans l'Eglise?* Celle des ermites et
des chanoines réguliers instituée par saint
Augustin; et celle des moines cénobites,
dont l'institution se répandit et devint
célèbre par les règles qu'en publia Cas-
sien, disciple de saint Jean Chrysostôme.

———

D'Ephèse, en trente et un, le concile se tient.
Puis, au bout de vingt ans, Chalcédoine eut le sien.

(135.)

*Contre qui se tint, en 431, le concile
d'Ephèse, le troisième des généraux?*
Contre les Pélagiens, mais particulièrement contre Nestorius, patriarche de
Constantinople. Ce concile fut convoqué
sous le pape Célestin I, et sous l'empereur
Théodose le jeune.

(136.)

Quel dogme soutenoit Pélage? Que
le libre arbitre suffisoit sans qu'il fût besoin d'une grâce surnaturelle pour opérer

le salut : les semi-Pélagiens, plus modérés, admettant la nécessité de cette grâce, prétendoient que le bon usage du libre arbitre suffisoit pour la mériter.

(137.)

Qu'enseignèrent les Prédestinatiens, l'an 490? Leur erreur fut directement opposée à celle des Pélagiens ; ils prétendoient que la volonté de Dieu étoit l'unique cause de notre salut, indépendamment de tout usage de libre arbitre qui consiste à pouvoir faire ou ne point faire, à vouloir ou ne point vouloir ce que Dieu ordonne.

(138.)

Qui étoit Nestorius, l'an 431 ? Chef des Nestoriens et patriarche de Constantinople, il reconnoissoit deux personnes en Jésus-Christ, et disoit que la sainte Vierge n'étoit pas mère de Dieu, mais mère de Jésus-Christ : erreur réfutée par saint Cyrille, patriarche d'Alexandrie, et condamnée par le concile d'Ephèse.

(139.)

Contre qui se tint, en 431, le concile de Chalcédoine, le quatrième concile général? Contre Eutychès, abbé d'un monastère de Constantinople, et contre

son adhérent Dioscore, patriarche d'A-
lexandrie, successeur peu digne du grand
saint Cyrille.

(140.)

Qu'enseignoit Eutichès? Sous prétexte de s'éloigner du nestorianisme, il
confondoit dans une seule les deux na-
tures de Jésus-Christ (divine et humaine);
mais il fut condamné par le concile d'E-
phèse.

Des revenus sacrés l'usage se prépare.
Acace est anathème, Hunnéric est barbare.

(141.)

*Comment s'établit l'usage des revenus
sacrés ou ecclésiastiques?* On assigna,
vers ce temps, aux ecclésiastiques un revenu fixe, pour remplacer les aumônes
dont ils subsistoient auparavant : telle fut
l'origine des premiers bénéfices.

(142.)

*Comment furent partagés d'abord les
revenus de l'Eglise?* En quatre parties,
savoir : 1° pour les clercs; 2° pour les
pauvres; 3° pour l'entretien des églises;
4° pour l'Evêque.

(143.)

Pourquoi Acace, patriarche de Cons-

tantinople, fut-il anathématisé, c'est-à-dire excommunié par le pape saint *Félix*? Parce qu'il étoit secrètement d'accord avec l'empereur *Zénon* contre ce pontife, qui avoit refusé son assentiment à l'édit d'union appelé *Enotique*, ou de la réunion des hérétiques avec les catholiques.

(144.)

Que fit Acace en 484, pour se venger de cette excommunication? Il fit effacer le nom du pape des *diptiques*, c'est-à-dire des registres des différentes églises de son patriarchat.

(145.)

En quoi cette date est-elle remarquable? C'est qu'elle fut le commencement des démêlés éclatants qu'eurent les patriarches de Constantinople avec les papes; ceux-ci voulant faire effacer des diptiques, et ceux-là voulant y conserver le nom d'Acace.

(146.)

Jusqu'où Hunnéric, arien, roi des Vandales se montra-t-il barbare? Plus cruel envers les catholiques que ne l'avoit été Genseric son père, il fit brûler vifs les évêques orthodoxes, et couper la langue jusqu'à la racine aux habitans d'une petite ville de la Mauritanie.

———

Attila roi de Huns, Genséric roi Vandale,
S'éloignent quand Léon son éloquence étale.

(147.)

Quel effet eut l'éloquence merveilleuse du pape saint Léon auprès d'Attila, roi des Huns, et de Genséric, roi des Vandales ? Elle leur fit renoncer au dessein d'achever la perte de l'Italie dont ils étoient les maîtres.

———

Michel au mont Gargan, Benoît au mont Cassin.
La France convertie honore saint Martin.

(148.)

Qu'arriva-t-il de remarquable sous le pape Gélase ? 1° L'archange saint Michel apparut aux fidèles sur le mont Gargan ; 2° saint Benoît fonda son ordre sur le mont Cassin, et devint chef d'un grand nombre de moines ; 3° Clovis, roi de France, se convertit au christianisme avec sa famille, et se trouva le seul roi catholique de son temps.

(149.)

Jusqu'à quel point la France, nouvellement convertie, honora-t-elle saint

Martin, évéque de Tours ? Jusqu'à compter les années depuis la mort de ce saint, et à porter ses bannières dans toutes les batailles.

(150.)

Que fit dans ce temps la reine Clotilde, veuve de Clovis ? Voulant signaler sa dévotion pour saint Martin, elle passa les dernières années de sa vie auprès du tombeau de ce saint.

FIN DE L'HISTOIRE ECCLÉSIASTIQUE, JUSQU'A LA CONVERSION DE CLOVIS, L'AN 496.

PREMIÈRE TABLE.

PATRIARCHES, JUGES, ROIS ET PONTIFES JUIFS.

PATRIARCHES.

Avant le déluge.

Adam.
Seth.
Enos.
Caïnam.
Malaleel.
Jared.
Enoch.
Mathusalem.
Lamech.
Noé.

Après le déluge.

Sem.
Arphaxad.
Salé.
Héber.
Phaleg.
Rheu.
Sarug.
Nachor.
Tharé.
Abraham.
Isaac.
Jacob.
Joseph.
Manasses.

JUGES.

Moïse.
Josué.
Othoniel.
Aod.
Barach.
Gédéon.
Abimélec.
Thola.
Jaïr.
Jephté.
Abesan.
Ahialon.
Abdon.
Héli.
Samson.
Samuël.

ROIS.

Saül.
David.
Salomon.

Rois de Juda.

Roboam.
Abia.
Aza.
Josaphat.
Joram.
Ochosias.
Joas.
Amasias.
Osias.
Joatham.
Achaz.
Ezéchias.
Manassès.
Amon.

Josias.	Achimelec.
Joacas.	Abiathar.
Joachim.	Sadoc.
Jechonias.	Achimaas.
Sédécias.	Azarias.
	Johannan.
Rois d'Israël.	Azarias.
Jéroboam.	Amarias.
Nadab.	Joïadas.
Baasa.	Zacharie.
Ela.	Sédécias.
Zambri.	Azarias.
Amri.	Joathan.
Achab.	Achitob.
Ochosias.	Mérajoth.
Joram.	Sadoc.
Jéhu.	Sellum.
Joacas.	Helcias.
Joas.	Azarias.
Jéroboam II.	Saraias.
Zacharie.	Josedec.
Sellum.	Josué.
Manahem.	Joachim.
Phaceïas.	Eliasib.
Phacée.	Joaïdas.
Osée.	Jonatham.
PONTIFES.	Jaddus.
Aaron.	Onias I.
Eléazar.	Simon I.
Phinées.	Manasses.
Abisué.	Eléazar.
Bocci.	Onias II.
Ozi.	Simon II.
Saraias.	Onias III.
Mérajoth.	Jason.
Héli.	Ménélaüs.
Achitob.	Alcime.

TABLE DES MATIÈRES

CONTENUES

DANS L'HISTOIRE SAINTE,

ET RANGÉES DANS UN ORDRE PROPRE A EXERCER LES ENFANTS SUR LES DIFFÉRENTS RAPPORTS DE LA GRAMMAIRE.

MANIÈRE DE FAIRE USAGE DE CETTE TABLE.

ON observera d'abord que les chiffres qui accompagnent les différents mots de la table ci-jointe, ont pour objet de renvoyer *aux demandes* et *aux réponses* qui portent les mêmes chiffres dans nos *Leçons d'Histoire sainte*. Ainsi les chiffres 6, 14, 65, etc., placés à côté des mots *Adam*, *Seth*, *l'échanson*, etc., au commencement de la table, sous le titre de *substantifs de cas nominatif*, seront destinés à indiquer que ces substantifs se trouvent employés au *cas nominatif* dans les phrases comprises sous les mêmes chiffres dans *les Leçons*.

Cette corrélation étant ainsi établie, nous allons indiquer comment les enfants, tout en repassant les principaux traits qu'ils ont appris dans l'*Histoire sainte*, peuvent s'exercer d'eux-mêmes et sans maître, sur les différents rapports de la grammaire et sur les règles de l'orthographe.

[I. Sur l'analyse grammaticale des mots.]

Dans ce premier exercice, l'instituteur, ou, si l'on veut, l'un des élèves, lit tout haut la phrase des *Leçons d'histoire*, dont il connoît déjà le mot corrélatif dans la table des matières, et il demande ensuite le rapport grammatical du mot désigné par la table. Par exemple après avoir lu la phrase 6 des *Leçons*, savoir : *Adam fut le premier homme que Dieu créa*, l'instituteur demandera : « A quel cas se trouve, dans cette phrase, le substantif *Adam ?* » Si l'élève ne voit pas que c'est au cas nominatif, l'instituteur le renverra à la *table des matières*, pour le lui faire apprendre.

[II. Sur la composition des phrases.]

Dans ce second exercice, l'instituteur charge l'élève de composer une phrase, où le mot indiqué dans la *table des matières* se trouve placé de la même manière et sous le même rapport. Par exemple, il dira : *Faites une phrase où le sub-*

stantif *Seth* se trouve au *nominatif*. Si l'élève se rappelle la question 14 des *Le-çons d'histoire*, il dira aisément : *Seth fut un troisième fils d'Adam ;* s'il hésite, l'instituteur le renverra au chiffre 14 des *Leçons d'histoire*. Il en agira de même pour tous les autres mots contenus dans cette table.

[III. Sur l'orthographe des mots.]

Ce troisième exercice est une exten-sion du second, c'est-à-dire que, dans celui-ci on oblige l'élève de répondre par écrit aux questions qu'on lui a faites par le précédent. Si l'élève ne fait de fautes ni dans les pluriels, ni dans les personnes des verbes, etc., on pourra lui demander la raison grammaticale qui l'a conduit à écrire les mots plutôt d'une manière que d'une autre ; si au contraire il fait des fautes, on lui rappellera les règles d'or-thographe contre lesquelles il a manqué.

Il est inutile de répéter ici que ces trois exercices deviennent bien plus animés et plus fructueux pour les élèves, si l'insti-tuteur, se mettant à leur portée, veut les intéresser en leur donnant un *bon point* ou un jeton toutes les fois qu'ils répondent bien, et en mettant à l'amende d'un *mauvais point* ou d'un jeton ceux qui font des fautes. (Voyez nos *Leçons de Grammaire*.)

———

I. SUBSTANTIFS.

SUBSTANTIFS DE CAS NOMINATIF.

SUBSTANTIFS DE CAS GÉNITIF.

SUBSTANTIFS DE CAS DATIF.

42. A leur frère Joseph, 59. A la fête annuelle, 181. Au soleil, 108. Aux douze tribus, 127. Aux branches d'un arbre, 143. A Hazaël, 162. A l'idole de Moloch, 167. A Mardochée, 229. Aux pieds des éléphants, 238. Au monde, 269.

SUBSTANTIFS DE CAS ACCUSATIF.

Eve, 4. Une arche, 21. La vigne, 29. Le pays de la Palestine, 38. Agar, 44. Isaac, 47. Son bras, 48. Deux fils jumeaux, 49. Son droit d'aînesse, 50. Lia... Rachel, 53. Années d'abondance et années de stérilité, 66. Une baguette... L'eau du Nil... Le jour, 79. Les premiers nés, 80. Les tables de la loi, 87. Les eaux du Jourdain, 104. Les colonnes du temple, 126. Les ânesses, 133. Agag, 154. Goliath, 135. Michol, 136. Deux veaux d'or, 170. Son manteau, 185. Un interrègne, 191. Le roi Ozée, 206. Le jeune Daniel, 210. Joachim II, 211. Une main qui écrivoit, 223.

ACCUSATIFS D'UNE PRÉPOSITION.

Par Jubal, *par* Tubalcaïn, *par* Roéma, 17. *Par* une Magicienne, 140. *Par* Zorobabel, 225. *Contre* un ange, 54. *Sur* le mont Horeb, 78. *Dans* leur encensoir,

Livres *sacrés*, 236. *Une* somme plus *considérable*, 242.

ADJECTIFS AVEC PRÉPOSITION.

Par la manne *miraculeuse*, 84. Par *soixante-dix* docteurs de la loi. 237.

ADJECTIFS DE CAS ABLATIF.

La plus *haute* montagne, 23. Lèpre *hideuse*, 184. *Fameux* triumvirat, 267.

III. PRONOMS.

PRONOMS PERSONNELS.

Il, Aod, 111. *Il*, Daniel, 222. *Il*, Alexandre, 253. *Ils*, Agar et son fils, 45. *Ils*, Israélites, 75. *Ils*, Gédéon et ses trois cents soldats, 116. *Ils*, les Juifs, 214. *Ils*, Ananias, Misaël et Azarias, 216. *Elle*, Salomé, 262. *Lui*, Jephté, 119. *Lui*, Tryphon, 255. *Lui*, Aristobule, 263. *Eux*, les Philistins, 150. *Eux*, frères d'Aristobule, 259. *Eux*, Aristobule, Antigon et Alexandre, 265.

PRONOMS CONJONCTIFS.

Se, arche de Noé, 24. *Se*, Jacob, 51. *Se*, Achan, 107. *Se*, Jonas, 192. *Se*, victoire et conquête d'Alexandre, 234. *Se*, grand-prêtre Matathias, 248. *Lui*, Elie,

V. VERBES RADICAUX.

VI. VERBES PARTICIPES.

PARTICIPES ACTIFS.

PARTICIPES PASSIFS, DÉCLINÉS.

desséchée, 171. Nadab *égorgé... remplacé*, 175. Jéhu *envoyé*, 186. Manahem *obligé* de payer tribut, 195. Nabuchodonosor *réduit*, 220. Ptolémée Philopator *irrité*, 239. Héliodore *battu* de verges, 240. Judas Machabée *couvert* de blessures, 252.

PARTICIPES PASSIFS, NON DÉCLINÉS.

Les autres Israélites avoient *erré*, 103. Adam avoit *vécu*, 19. La femme de Putiphar ayant *sollicité*, 64. Adonibezec avoit *commis*, 109. Dieu avoit *ordonné*, 120. Samson ayant *rencontré*, 121. Deux rois grecs s'étoient *partagé* l'empire, 235.

VII. PRÉPOSITIONS.

Avec les enfants, 20. *Dans* son bec, 26. *Pendant* le jour et *pendant* la nuit, 85. *Après* le passage de la mer Rouge, 88. *Avec* une grappe énorme de raisins, 95. *A la tête de* tous les Israélites, 102. *Envers* sa sœur Thamar, 142. *A la sollicitation de* sa mère Betsabée, 146. *Entre* le temple et l'autel, 163. *Au bout de* six mois, 194.

VIII. ADVERBES.

Il offrit *aussitôt*, 28. Il reçut *de bonne*

IX. CONJONCTIONS.

Le tableau placé à la fin de ce volume présente les seize premières cases du tableau entier : les autres seize cases qui le complètent se trouvent à la fin du volume II, destiné à l'*Histoire de France*.

FIN DE LA TABLE.

TABLEAU CHRONOLOGIQUE DE L'HISTOIRE SAINTE ET DE L'HISTOIRE ECCLÉSIASTIQUE, par L. Gaultier.

(*N. B.* Les faits historiques indiqués, par des vers techniques, dans les cases de ce Tableau, sont expliqués dans le premier volume des *Leçons de Chronologie et d'Histoire.*)

---

(1)

Ier ÂGE.

HISTOIRE SAINTE.

Depuis la création du Monde, jusqu'au Déluge en 1656.

[illegible]

---

(2)

IIe ÂGE.

HISTOIRE SAINTE.

Depuis le Déluge en 1656, jusqu'à la naissance d'Abraham en 2083.

Noé plante la vigne, et reçoit un outrage;
Dans la suite, à ses fils la terre se partage:
L'Europe est à Japhet, et l'Afrique est à Cham;
Et Sem tout pour sa part l'Asie à l'Orient.
A la langue hébraïque Heber [illegible] son nom,
Dans Babel, avec Phaleg, naît la confusion.

---

(3)

IIIe ÂGE.

HISTOIRE SAINTE.

Depuis la naissance d'Abraham, en 2083, jusqu'à la mort de Moïse, en 2584.

Quand le monde eut deux mille avec [illegible] ans,
Vint au monde Abraham, le père des croyans.
[illegible] cent ans après, son fils Isaac lui [illegible]
D'Esaü chef d'Édom, [illegible] à leur frère.
[illegible] au temps de Job, [illegible] Lévi;
[illegible], vers quatre cents, de Moïse naît aussi.

---

(4)

IVe ÂGE.

HISTOIRE SAINTE.

Depuis la mort de Moïse, en 2584, jusqu'aux Rois des Juifs, en 2960.

[illegible]
[illegible] Samuel malheureux en enfants.

---

(5)

Ve ÂGE.

HISTOIRE SAINTE.

Depuis les Rois Juifs, en 2960, jusqu'à la fondation de Rome, en 3200.

[illegible]

(Rois de Juda.)

[illegible]

(Rois d'Israël.)

[illegible]

---

(6)

Ier SIÈCLE DE ROME.

HISTOIRE SAINTE.

Depuis l'an 3200, jusqu'à l'an 3300.

(Rois de Juda.)

[illegible]

(Rois d'Israël.)

[illegible]

---

(7)

IIe SIÈCLE DE ROME.

HISTOIRE SAINTE.

Depuis l'an 3300, jusqu'à l'an 3400.

(Rois de Juda.)

[illegible]

---

(8)

IIIe SIÈCLE DE ROME.

HISTOIRE SAINTE.

Depuis l'an 3400, jusqu'à l'an 3500.

(Gouvernement des Pontifes.)

[illegible]

---

(9)

IVe SIÈCLE DE ROME.

HISTOIRE SAINTE.

Depuis l'an 3500 jusqu'à l'an 3900.

(Gouvernement des Pontifes.)

[illegible]

---

(10)

Ve SIÈCLE DE ROME.

HISTOIRE SAINTE.

Depuis l'an 3900, jusqu'à l'an 3800.

(Gouvernement des Pontifes.)

[illegible]

---

(11)

VIe SIÈCLE DE ROME.

HISTOIRE SAINTE.

Depuis l'an 3800, jusqu'à l'an 3900.

(Gouvernement des Pontifes.)

Manassé, [illegible] deux, [illegible] vers Sem,
[illegible] qui furent les Juifs, jetés aux Éléphants.
Le temple est [illegible] par un autre Onias,
[illegible] par Jason, que chasse Ménélas.
[illegible] Éléazar après à [illegible]
Meurt [illegible] sept fils la mère Machabée.

(Gouvernement des Machabées.)

Le grand Mathathias eut pour son successeur
Judas, son fils aîné, Machabée vainqueur,
Qui défait Nicanor, Jonathas vaint Bacchide,
Puis, trahi par Tryphon, meurt à Ptolémaïde.

---

(12)

VIIe SIÈCLE DE ROME.

HISTOIRE SAINTE.

Depuis l'an 3900, jusqu'à l'an 4000.

(Gouvernement des Machabées.)

Après six cents, Simon fit la guerre à Tryphon,
Jean Hircan successeur de son père Simon.
Aristobule eut verse son propre sang.
[illegible], son autre frère, est encor plus tyran.
[illegible] fait pontife Hircan deux ou trois,
Lequel par son école est Hircan [illegible].
[illegible] par Antipater et Pompée est [illegible].
Son Hérode et ses fils à Rome sont punis.

---

(13)

VIIIe SIÈCLE DE ROME.

HISTOIRE SAINTE.

Depuis l'an 4000, jusqu'à la naissance de J. C., en 4004.

(Gouvernement des Machabées.)

Antigone, en sept cents, de prison [illegible],
[illegible] à Jérusalem de l'ancien siècle.
Puis, le fils d'Antipater, Hérode d'Ascalon,
L'emporte et fait périr, par Antoine, Antigon.
Sous ce règne naquit le SAUVEUR, en l'année
Sept cent cinquante-trois de puis Rome fondée.

FIN DE L'HISTOIRE SAINTE.

---

(14)

Ier SIÈCLE DE L'ÉGLISE,

Depuis l'an 1, jusqu'à l'an 100.

Jésus-Christ sur S. Pierre établit son Église,
En abrogeant les lois et les rits de Moïse.
Barcchibas à S. Pierre Simon [illegible],
Sont disciples S. Lin, S. Clet et S. Clément.
Séparés d'eux, Corinthe, Éphèse, Smyrne,
Nicolas, Basilide, [illegible] leur venin.

---

(15)

IIe SIÈCLE DE L'ÉGLISE,

Depuis l'an 100, jusqu'à l'an 200.

L'Église admet le chant, prend ses [illegible],
Justin, sous Antonin, fait deux apologies.
[illegible]
Où le soldat chrétien vainquit les Marcomans.
[illegible]
Cerdon et Marcion prônent deux Mondes.
L'Adamite est au-dessus [illegible].

---

(16)

IIIe SIÈCLE DE L'ÉGLISE.

Depuis l'an 200, jusqu'à l'an 300.

Zéphyrin maudit les relieurs de bois.
[illegible] est pris de Christ et de ses lois.
[illegible]
[illegible] contre Rome était pour Cyprien.
Novatien, Nœtus, sont deux [illegible],
Manès, Sabellius et Paul sont hérétiques.

LIBRAIRIE

DE

JULES RENOUARD,

RUE DE TOURNON, Nº 6, A PARIS.

CATALOGUE

DE LIVRES A L'USAGE DE LA JEUNESSE.

Le Catalogue général sera envoyé franc de port aux personnes qui en feront la demande.

GAULTIER (L.), COURS D'ÉTUDES ÉLÉMENTAIRES POUR LES ENFANS, comprenant la Lecture, l'Ecriture, l'Arithmétique, la Géométrie, les Langues française, latine, italienne, la Géographie, la Chronologie et l'Histoire, l'Art de penser et d'écrire, etc., etc. 21 vol. in-18. 6 vol. in-12, 8 cahiers in-fol., et plusieurs étuis, etc., etc., renfermés dans une boîte. 60 fr.

NOTICE DÉTAILLÉE DE TOUS LES OUVRAGES DE L'ABBÉ GAULTIER.

Lecture, Ecriture, Calcul, Géométrie.

BOITE TYPOGRAPHIQUE pour apprendre à lire aux enfans. 5 fr.

(2)

LECTURES GRADUÉES pour les enfans du premier âge.
2 vol. in-18 , cartonnés.   3 fr.

LECTURES GRADUÉES pour les enfans du second âge,
3 vol. in-18 , cartonnés.   4 fr. 50 c.

PRINCIPES D'ÉCRITURE CURSIVE, en 38 modèles brochés en 5 cahiers.   2 fr. 30 c.

— Les mêmes , collés sur carton , en étui.   5 fr.
Chacun de ces cahiers peut être pris séparément.

ELÉMENS D'ARITHMÉTIQUE , rendus sensibles aux
yeux par des jetons coloriés. 1 vol. in-12 , cartonné.   1 fr. 25 c.

NOTIONS de Géométrie pratique , in-12 , broché.
                                       1 fr. 25 c.

Langue française.

LEÇONS de grammaire en action. 3 vol. in-18 , cartonnés.   4 fr. 50 c.

LEÇONS de grammaire et d'orthographe. 1 vol. in-18 ,
cartonné.   1 fr. 50 c.

ATLAS DE GRAMMAIRE , contenant des tableaux ana-
lytiques pour la construction des phrases. in-fol.,
broché.   4 fr.

ETIQUETTES du jeu de grammaire en un étui.
                                       1 fr. 50 c.

CAHIER de 12 feuilles in-folio pour l'analyse grammaticale.   1 fr. 25 c.

Géographie.

LEÇONS de Géographie et de sphère. 1 vol. in-18 ,
cartonné.   1 fr. 50 c.

ATLAS de Géographie , contenant 7 cartes écrites et

non écrites , in-folio , broché.   5 fr.
Chacune de ces cartes collées sur carton.
                                        1 fr. 25 c.
ETIQUETTES du jeu de géographie, en un étui.   2 fr.

Chronologie et Histoire.

HISTOIRE SAINTE. 1 vol. in-18 , cartonné. 1 fr. 50 c.
HISTOIRE DE FRANCE. 1 vol. in-18 , cartonné.
                                        1 fr. 50 c.
MÉDAILLONS des rois de France , en un étui.
                                        2 fr. 50 c.
HISTOIRE ANCIENNE. 1 vol. in-18 , cartonné.
                                        1 fr. 50 c.
HISTOIRE MODERNE. 1 vol. in - 18 , cartonné.
                                        1 fr. 50 c

Art de penser et d'écrire.

MÉTHODE pour analyser la pensée et pour faire des
   abrégés. 1 vol. in-18 , cartonné.   1 fr. 50 c.
EXERCICES sur la construction logique des phrases
   et des périodes françaises. 1 vol. in-18 , cartonné   1 fr. 50 c.
CONSTRUCTION et analyse graduée des phrases et des
   périodes françaises , en tableaux, in-fol. 2 fr.
MÉTHODE pour exercer les jeunes gens sur la composition française, 2 vol. in-12 , brochés. 3 fr.
CAHIER de 12 feuilles in-folio pour l'analyse de la
   pensée.   1 fr. 25 c.

Langues latine et italienne.

MÉTHODE pour entendre la langue latine sans con-

(4)

naître les règles de la composition. 1 vol. in-18 ,
cartonné.   1 fr. 50 c.

PHRASES LATINES graduées. in-18 , cartonné.
            1 fr. 50 c.

PÉRIODES LATINES graduées. in-18 , cartonné.
            1 fr. 50 c.

CONSTRUCTION et analyse graduée des phrases et
des périodes latines en tableaux , gros cahier
in-folio , broché.   4 fr.

APPLICATION de cette méthode au premier livre des
odes d'Horace. in-folio , broché.   2 fr.

MÉTHODE pour entendre et pour parler la langue
italienne. 1 volume in-12 , broché.   1 fr 50 c.

Versification , etc.

TRAITÉ de la mesure des vers français. 1 volume
in-12 , broché.   1 fr. 50 c.

JEU DES FABLES , sujets choisis de La Fontaine.
1 volume in-18 , cartonné.   1 fr. 25 c.

TRAITS caractéristiques d'une mauvaise éducation ,
ou Principes de la politesse. 1 volume in-18,
cartonné.   1 fr. 25 c.

SAC contenant cent jetons de couleur, pour les différens exercices du Cours.   1 fr. 80 c.

N. B. La Collection complète de ces ouvrages , renfer-
mée dans une boîte , 60 fr.

LE PETIT COURS , extrait du *Cours complet*, contient
trois volumes , savoir :

SYLLABAIRE et premières lectures. 1 vol. 1 fr. 50 c.

(5)

Elémens de grammaire et d'orthographe. 1 vol.
90 c.
Elémens de géographie. 1 volume. 60 c.

———

Méthode pour apprendre à calculer facilement,
d'après Lancaster, *deuxième édition*, in-12,
broché. 80 c.

———

Leçons de géographie ancienne, par un élève
de l'abbé Gaultier. 1 volume in-18, cartonné.
1 fr. 50 c.
Atlas de géographie ancienne, contenant 10 cartes,
in-folio. 10 fr.
— Le même, sans les 5 cartes muettes. 6 fr.

———

Exposé analytique des méthodes de l'abbé Gaultier,
par L. P. de Jussieu. *Paris*, 1822, 1 volume in-8.
4 fr. 50 c.

———

ALMANACH de M. de Montyon, contenant le
récit des Prix de Vertu décernés par l'Académie
Française, depuis 1820 jusqu'à 1825, avec un
calendrier pour 1826, in-18, br. 50 c.
— *Les* 100 *exemplaires.* 40 fr.
ARITHMÉTIQUE (l'), enseignée par des moyens
clairs et simples. *Paris*, 1807, in-8. 2 fr. 50 c.

(6)

BERQUIN, Œuvres complètes, 20 volumes in-18,
avec 18 gravures.   25 fr.
— 20 volumes in-18 avec 212 gravures.   48 fr.
— 17 volumes in-12, papier vélin, avec 212 gravures.   75 fr.

Et séparément :

— L'Ami des Enfans et de l'Adolescence, réu-
nis, 7 vol. in-18, avec 7 gravures.   12 fr.
—— Avec 98 gravures.   21 fr.
— Le Livre de Famille, 1 vol.   1 fr. 50 c.
—— Avec 7 gravures.   2 fr. 50 c.
— La Bibliothèque des Villages, 2 vol.   3 fr.
—— Avec 7 gravures.   4 fr.
— Choix de Lectures et de Contes, 2 vol.   3 fr.
—— Avec 15 gravures.   4 fr.
— Introduction a la connaissance de la nature,
1 vol.   1 fr. 50 c.
—— Avec 20 gravures.   4 fr. 50 c.
— Sandford et Merton, 2 vol.   4 fr.
—— Avec 14 gravures.   5 fr.
— Le Petit Grandisson. 1 vol.   1 fr. 50 c.
—— Avec 6 gravures.   2 fr. 50 c.
— Idylles, Romances, etc. 1 vol.   1 fr. 50 c.
—— Avec 40 gravures.   6 fr.
— In-12, papier vélin, avec 40 gravures. 12 fr.
— Historiettes du premier âge, 3 parties, avec
un 4ᵉ volume de Contes choisis dans l'Ami des
enfans.   3 fr.
—— Avec 12 gravures.   4 fr.
— Contes choisis pris dans l'Ami des Enfans,
1 vol. avec 5 gravures.   1 fr. 50 c.
— In-12, papier vélin, avec 12 gravures. 5 fr.

BONIFACE (A.), Lecture graduée pour les En-

FANS; 1re partie, orthographe régulière. *Paris,* 1823, in-8. 1 fr. 50 c.

— 2e partie, orthographe irrégulière, in-8. 2 fr.

BONIFACE (A.), INTRODUCTION A L'ÉTUDE DE LA GÉOGRAPHIE, ou Connaissances préliminaires de cette science, comprenant des notions d'histoire naturelle, d'astronomie, et les définitions des principaux termes de géographie. *Paris,* 1826, 1 fort vol. in-12, avec 8 planches, dont une coloriée. 4 fr.

BOSSUET, ORAISONS FUNÈBRES, avec des commentaires par P. F. Calonne, professeur au collége de Henri IV. Paris, 1826, 2 vol. in-12. 6 fr. 50 c.

BUFFON, MORCEAUX CHOISIS, ou Recueil de ce que ses écrits offrent de plus parfait sous le rapport du style et de l'éloquence. 1 vol. in-18, avec 55 gravures en bois. 2 fr. 25 c.

— In-12, papier fin, figures et portrait. 5 fr.

BUSCH, LETTRES originales de commerce, précédées d'une explication des principaux termes du commerce de terre et de mer, traduit de l'allem. *La Haye,* 1801, in-12. 3 fr. 75 c.

DEGERANDO (M. LE BARON), Membre de l'Institut, Du Perfectionnement moral, ou de l'Éducation de soi-même; *Seconde édition, Paris,* 1826, 2 vol. in-8. 14 fr.

DEGERANDO, LE VISITEUR DU PAUVRE. *Seconde édition, Paris,* 1826, 1 fort vol. in-8. 7 fr.

DEGERANDO, HISTOIRE COMPARÉE DES SYSTÈMES DE PHILOSOPHIE, considérés relativement aux principes des connaissances humaines. *Deuxième édition; Paris,* 1823, 4 vol. in-8. 28 fr.

DESCARTES, DISCOURS DE LA MÉTHODE pour bien conduire sa raison et chercher la vérité dans les sciences, nouvelle édition précédée d'une notice biographique , par M. A. Michelot. *Paris*, 1825 , 1 vol. in-18 , papier fin satiné.   2 fr.

DESCARTES , Méditations métaphysiques, nouvelle édition , ornée d'un portrait. *Paris*, 1825 , 1 vol. in-18 , papier fin satiné.   2 fr. 50 c.

DROZ (Jos.), de l'Académie Française, Essai sur l'art d'être heureux. *Quatrième édition, Paris*, 1825 , 1 vol. in-18.   3 fr.

DROZ (Jos.), De la Philosophie morale , ou des différens systèmes sur la science de la vie. *Troisième édition, Paris*, 1825 , 1 vol. in-18.   3 fr.

DROZ (Jos.), Applications de la Morale a la politique. *Paris*, 1825 , 1 vol. in-8.   5 fr.

DROZ (Jos.), Etudes sur le beau dans les Arts, *Seconde édit.; Paris*, 1826, 1 v. in-8. 4 fr. 50 c.

FAERNE , Fables choisies. *Paris*, 1805 , in-4 , figures.   5 fr.

FÉNÉLON , Aventures de Télémaque. *Paris*, 1810, 2 vol. in-12.   4 fr.

— 2 vol. in-12 , avec 25 gravures , par Simonet , Coiny , etc.   8 fr.

FLÉCHIER , Oraisons Funèbres. *Paris*, 1802 , 2 vol. in-18 , portrait.   6 fr. 50 c.

— 2 vol. in-12 , papier vélin, portrait.   10 fr.

FLORIAN , OEuvres complètes , 16 vol. in-18, papier fin satiné, avec 80 nouvelles gravures d'après Moreau et Desenne.   50 fr.

— 16 vol. in-12 , papier fin satiné , avec les 80 gravures.   70 fr.

— 16 vol. in-12 , papier vélin satiné , avec les 80 gravures.   96 fr.

FRANKLIN, Mélanges de morale , d'économie et de politique, extraits de ses ouvrages, et précédés d'une notice sur sa vie, par A.-Ch. Renouard, avocat. *Seconde édition , Paris* , 1826, 2 vol.

(9)

in-18 , ornés d'un très beau portrait de Franklin
et d'un fac-simile de son écriture.   5 fr.
FRANKLIN , La science du Bonhomme Richard ,
avec un calendrier pour 1826, in-18, br.   25 c.
— *Les 100 exemplaires.*   20 fr.
FRANKLIN , Conseils pour faire fortune , précédés d'un calendrier pour 1826, et d'une notice
sur Franklin , suivis de l'ordonn. de Louis XVIII
sur la Caisse d'Epargnes et de prévoyance; in-18 ,
broché.   25 c.
— *Les 100 exemplaires.*   20 fr.
GUEROULT , Discours choisis de Cicéron , latin-
français. *Paris,* 1820 , 2 vol. in-8.   12 fr.
INSTITUTION des Enfans , ou Distiques latins de
Muret, avec leur traduction en vers en cinq langues. *Paris,* 1808 , in-12, cartonné. 1 fr. 10 c.
JOUY , Jeux de cartes instructives. Savoir :

Lecture.	Histoire des Empereurs.
Chronologie.	Histoire de France.
Géographie.	Histoire d'Angleterre.
Histoire Sainte.	Mythologie.
Nouveau Testament.	Histoire des Animaux.
Histoire Ancienne.	Musique.
Histoire Romaine.	Jeu Encyclopédique.

Chacun de ces 14 Jeux est composé de 48 cartes ,
renfermées dans un étui, et coûte   2 fr.

La Collection sera complétée par les 6 jeux suivans :
Astronomie. — Botanique. — Arts et Métiers. — Grammaire grecque — latine — française.

JUSSIEU (L. P. de), Simon de Nantua ou le Mar-
chand forain. *Troisième édition , Paris ,* 1823,
in-12.   2 fr. 25 c.
LA BRUYÈRE (Caractères de) et de Théophraste.
Paris, 1818, 3 vol. in-18.   3 fr. 75 c.
— 3 vol. in-12, papier fin , portrait.   8 fr.

LAFONTAINE, Fables. *Paris*, 1811, 2 vol. in-12, avec 266 gravures sur pierre.   7 fr. 50 c.

— 2 vol. in-12 , papier vélin.   15 fr.

LAMP (J.-F.) , Tables synchronistiques de l'histoire universelle, ancienne et moderne , contenant les principales époques de l'histoire politique , religieuse et littéraire , ainsi que celles des découvertes les plus importantes. *Strasbourg*, 1825 , 1 vol. in-4.   5 fr.

LESAGE (comte de Las Cases), Atlas historique, Cartes supplémentaires, savoir :

— Feuille complémentaire pour l'année 1825 , présentant la Continuation chronologique des événemens et la suite généalogique des Souverains de l'Europe, depuis 1814 jusqu'à ce jour , ou Etat présent de toutes les maisons régnantes. Tableau grand in-folio colorié.   5 fr.

— Amérique historique , physique et politique en 1825.   5 fr.

— Carte historique, physique et politique des Etats-Unis d'Amérique , en 1826.   5 fr.

— L'Europe historique et politique, en 1826. 5 fr.

LEVY , Enigmes historiques , géographiques, mythologiques , iconologiques, biographiques, etc. , à l'usage des colléges et des maisons d'éducation. *Paris*, 1823, in-18 , cart.   1 fr. 50 c.

MABLY, Entretiens de Phocion, sur le rapport de la Morale avec la Politique , précédés de l'Eloge de Mably. *Paris*, 1804, in-18 , portrait.   1 fr. 50 c.

— In-12 , papier fin , portraits.   4 fr.

MABLY, Principes de Morale. *Paris*, 1714, in-12.   2 fr.

MAINTENON (Mme de), L'Esprit de l'institut des Filles de S.-Louis (S.-Cyr). *Paris*, 1808, in-12, portrait.   2 fr.

(11)

MANCY (A. Jarry de), Atlas historique et chronologique des Littératures anciennes et modernes,
des Sciences et des Beaux-Arts; d'après la méthode
et sur le plan de l'Atlas de A. Lesage (comte de
Las Cases), et propre à former le complément de
cet ouvrage.

Cet Atlas se composera de 25 tableaux au plus,
publiés de 2 mois en 2 mois, par livraison de 2
tableaux coloriés et satinés, imprimés sur très beau
papier d'Annonay, dit *nom de Jésus*, avec une cou-
verture imprimée. Prix de chaque livraison.   8 fr.

La première livraison qui ne se compose que d'un
eul tableau ne coûte que   4 fr.

On peut acquérir séparément chacun des tableaux
u prix de 5 fr.

MASSILLON, Petit Carême, in-18.   1 fr. 50 c.
— In-12, papier vélin, portrait.   5 fr. 50 c.

MASSILLON, Morceaux choisis ou Recueil de ce
que ses écrits ont de plus parfait, sous le rapport
du style et de l'éloquence, avec l'éloge de Massillon et son portrait. *Paris*, 1810, in-8.   8 fr.

In-18, papier fin.   2 fr.

In-18, papier vélin, portrait.   4 fr.

CHELOT et Bessières, Nomenclature du De
viris illustribus urbis Romæ, mise dans un ordre
onforme à la méthode de M. J. J. Ordinaire,
our l'enseignement des langues. *Paris*, 1825,
vol in-12, cartonné.   1 fr. 50 c.

CHELOT et Bessières, Nomenclature du
Cornelius Nepos, mise dans un ordre conforme
la méthode de M. J. J. Ordinaire. *Paris*, 1825,
vol. in-12, cartonné.   1 fr. 25 c.

CHELOT et Bessières, Nomenclature des
Fables de Phèdre, mise dans un ordre conforme
a méthode de M. J. J. Ordinaire. *Paris*, 1825,
vol. in-12, cartonné.   1 fr. 25 c.

13.

MONTESQUIEU , OEuvres complètes , *Paris*,
1816 , 6 vol. in-8 , portrait. 36 fr.

MOREAU le Jeune, Histoire de France représen-
tée en 167 gravures , avec le texte au bas de
chaque gravure , et précédée d'un discours historique , in-4 , cartonné. 22 fr.

PASCAL, Pensées, 2 vol. in-18 , papier fin. 3 fr.

PÉRÉFIXE , Histoire de Henri-le-Grand. *Paris*,
1816 , in-8 , papier fin , portrait. 8 fr.

PLINE , Histoire naturelle des Animaux , traduction nouvelle avec le texte en regard , par
Gueroult , 3 vol. in-8. 15 fr.

RANSONNETTE , Premières leçons sur une partie des Sciences et des Arts libéraux. *Paris*, 12
cahiers in-4 , avec 86 fig. 48 fr.

RENOUARD (A.-Ch.), Elémens de morale. *Seconde
édition*. *Paris* , 1820 , in-12. 2 fr. 25 c.

RENOUARD (A.-Ch.), Considérations sur les la-
cunes de l'éducation secondaire en France. *Paris*,
1825 , in-8. 2 fr. 50 c.

SAINT-REAL , Conjuration des Espagnols contre
Venise. — Conjuration des Gracques. *Paris* ,
1803 , in-18 , papier vélin. 3 fr.

— In-12 , papier vélin satiné. 5 fr.

SCHLOETZER et SCHROECK , Histoire universelle , destinée à l'instruction de la jeunesse , et
précédée d'un discours pour y préparer les enfans,
nouvelle édition. *La Haye* , 1817 , in-12. 6 fr.

SELECTI e Sacris Scripturis Versiculi , ad usum
studiosæ juventutis, cum notis brevissimis. *Paris*,
1808 , 2 tomes en un vol. in-12. 3 fr.

TAILLEFER , De quelques améliorations à intro-
duire dans l'instruction publique. *Paris* , 1824,
1 vol. in-8. 6 fr. 50 c.

VERTOT , Révolutions Romaines , de Suède et de
Portugal. *Paris*, 1796 , 7 vol. in-8 , papier vélin,
portrait. 36 fr.

www.ingramcontent.com/pod-product-compliance
Ingram Content Group UK Ltd.
Pitfield, Milton Keynes, MK11 3LW, UK
UKHW022225120726
13694UKWH00002B/707